Arno Bücken

Ein resourcen-adaptives, informiertes Suchverfahren für autonome mobile Roboter

Arno Bücken

EIN RESOURCEN-ADAPTIVES, INFORMIERTES SUCHVERFAHREN FÜR AUTONOME MOBILE ROBOTER

ibidem-Verlag
Stuttgart

Die Deutsche Bibliothek - CIP-Einheitsaufnahme:

Ein Titeldatensatz für diese Publikation ist bei
Der Deutschen Bibliothek erhältlich

∞

Gedruckt auf alterungsbeständigem, säurefreien Papier
Printed on acid-free paper

ISBN: 3-932602-92-7

Printed in Germany

An dieser Stelle möchte ich mich bei allen bedanken, die zum Entstehen dieser Arbeit beigetragen haben.

- Herrn Prof. Dr. Armin B. Cremers und Herrn Priv. Doz. Joachim Hertzberg.
- Herrn Dr. Michael Beetz für die vielen kritischen Diskussionen und Anregungen.
- Herrn Prof. Dr. Sebastian Thrun für die Anregung, sich mit diesem Thema zu beschäftigen.
- Herrn Markus Giesenschlag, Herrn Dr. Nils Goerke, Frau Nadja Kobler, Frau Andrea Scheuber und Frau Doerthe Vieten für das Korrekturlesen.
- Herrn Peter Engels für seine Ideen zur Berechnung der Rotationsfigur.
- Herrn Michael Horn und Herrn Stefan Tiedge für ihre Hilfe beim Setzen der Arbeit.

Remagen-Oedingen, im November 1999

Arno Bücken

Inhaltsverzeichnis

Abbildungsverzeichnis

Tabellenverzeichnis

Pseudocodeverzeichnis

1 Einleitung

Roboter beeinflussen mehr und mehr unsere technologisierte Gesellschaftsumgebung. Wurden vor einiger Zeit Roboter lediglich als Manipulatoren in der industriellen Fertigung eingesetzt, so drängt nun eine neue Generation von autonomen Roboter-Systemen auf den Markt, um neue Arbeitsfelder im Dienstleistungssektor zu besetzen.

Häufig gestellte Aufgaben für Dienstleistungsroboter sind Suchprobleme. Ein automatischer Bürobote muß zum Beispiel Gegenstände lokalisieren können, ein „Search-and-Rescue-Roboter" Menschen in einem einsturzgefährdeten Haus finden. Auf den Roboter-Wettbewerben der AAAI- und IJCAI-Konferenzen der letzten Jahre lag ein Interessenschwerpunkt auf Suchaufgaben in Dienstleistungsbereichen.

Derzeitig existente Suchverfahren für Roboter sind selten in der Lage, relevantes Wissen einzusetzen, um die Suchzeit zu verringern. Doch gerade dies wird häufig zur Lösung von Problemen benötigt: Ein Feuerwehrroboter sollte um die Mittagszeit zunächst in der Küche nach dem Brandherd suchen. Ein „Search-and-Rescue-Roboter" sollte nachts zuerst die Räume, in denen sich Personen am wahrscheinlichsten aufhalten – Kinder- und Schlafzimmer – absuchen. In beiden Fällen geschieht dies unter der mit der Prämisse, die erwartete Suchzeit zu minimieren.

In anderen Dienstleistungsbereichen kommt es darauf an, die Wahrscheinlichkeit zu maximieren, innerhalb einer gegebenen Zeitspanne einen Gegenstand zu finden. So benötigt ein Botenroboter, der binnen 10 Minuten ein Buch holen soll, ein Verfahren, das die Wahrscheinlichkeit, den Gegenstand in der gegebenen Zeit zu finden, maximiert.

Vom Menschen würde eine Suchaufgabe typischer Weise wie folgt gestellt: „HOL MIR BITTE DEN BLAUEN BRIEF. ICH MEINE, ICH HABE IHN IN DER BIBLIOTHEK ODER IM ROBOTIK-LABOR VERGESSEN. WAHRSCHEINLICH LIEGT

ER IN DER NÄHE VON MEINEM SCHREIBTISCH. ICH BENÖTIGE IHN IN ZEHN MINUTEN.“

Zum Lösen dieser Suchprobleme wird ein Verfahren benötigt, das eine Beschreibung des Vorwissens (ein *informiertes* Verfahren), und eine eventuell vom Benutzer vorgegebene zeitliche Restriktion integriert (ein *resourcen-adaptives* Verfahren), um daraus ein Roboterverhalten zu ermitteln, das zum schnellen Auffinden des Gegenstandes führt.

Ziel dieser Arbeit ist es, ein solches resourcen-adaptives, informiertes Suchverfahren für autonome, mobile Roboter zu entwickeln. Dabei wird besonders auf die folgenden Punkte wert gelegt:

- Vorhandenes *Hintergrundwissen* soll in die Generierung des Suchpfades einfließen, um diesen zu verbessern.
- *Veränderungen in der Umgebung* (wie umherlaufende Menschen, verschobene Stühle) können zur Laufzeit umgesetzt werden.
- Es besteht die Möglichkeit, einen Suchpfad zu berechnen, der in einer *vorgegebenen Zeit* abgesucht werden kann.
- Eine Optimierung hinsichtlich *erwarteter Suchzeit* wird ermöglicht.
- Die Ausführung des generierten Planes kann jederzeit *unterbrochen* und zu einem späteren Zeitpunkt *fortgesetzt* werden. Das Verfahren eignet sich daher auch für Multi-Tasking-/Multi-Purpose-Roboter.

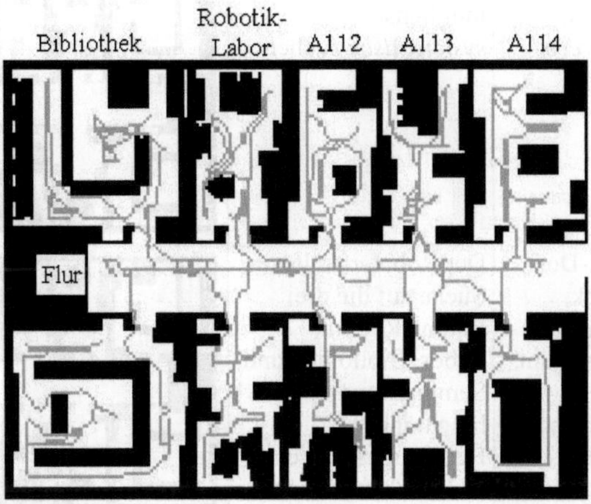

Abbildung 1.1: Ein Suchpfad. Der vom Roboter während einer Suche zurückgelegte Weg, eingetragen in die Grundrißkarte der Umgebung.

Abbildung 1.1 zeigt die Grundrißkarte eines Teils des Instituts für Informatik III der Universität Bonn. Diese Umgebung wird im Folgenden als Beispielumgebung verwendet. In der Karte sind Hindernisse schwarz markiert, Freiräume weiß, der vom Roboter zurückgelegte Pfad ist grau eingezeichnet.

In der folgenden Tabelle sind einige Suchaufträge dem gewünschten Verhalten und dem resultierenden Suchpfad gegenübergestellt.

Suchauftrag	Verhalten	Bild des verwendeten Pfades
Suche Cola-Dose (*uninformiert, nicht resourcen-beschränkt*)	Der Roboter sollte möglichst *systematisch* suchen.	
Suche Cola-Dose in Bibliothek, Robotik-Labor und Seminarraum. Sie liegt wahrscheinlich vor einem Tisch. (*informiert, nicht resourcen-beschränkt*)	Der Roboter sollte die Suche auf die drei Räume Robotik-Labor, Bibliothek und Seminarraum beschränken. Bevorzugt sollte er vor Tischen suchen.	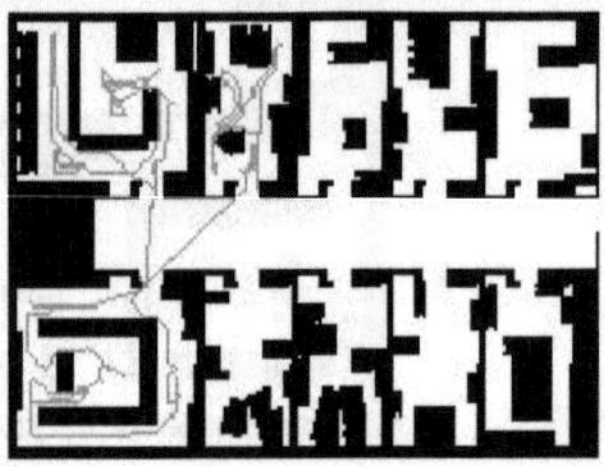
Suche Cola-Dose binnen 15 Minuten. (*uninformiert, resourcen-beschränkt*)	Der Roboter sollte die Wahrscheinlichkeit, die Cola-Dose innerhalb von 15 Minuten zu finden, maximieren.	
Suche Cola-Dose binnen 15 Minuten in Bibliothek, Robotik-Labor und Seminarraum. Sie liegt wahrscheinlich vor einem Tisch. (*informiert, resourcen-*	Der Roboter sollte seine Suche auf die drei Räume Robotik-Labor, Bibliothek und Seminarraum beschränken. Bevorzugt sollte er vor Tischen suchen. Die Wahrscheinlichkeit,	

beschränkt)	den Gegenstand binnen 15 Minuten zu finden soll maximiert werden.	

Tabelle 1.1: Suchaufgaben und entstehendes Verhalten

Stellt der Roboter während der Ausführung des Plans fest, daß eine Tür geschlossen ist, ändert er seinen Plan ab.

Das Suchverfahren unterscheidet sich von bisherigen Ansätzen durch die starke Integration vorhandenen Hintergrundwissens, sowie die Möglichkeit zur Optimierung hinsichtlich erwarteter Suchzeit. Dadurch wird das Absuchen von Teilen der Umgebung begünstigt.

Abbildung 1.2: Der Roboter Rhino

Das hier vorgestellte Verfahren wurde auf der in der Abteilung[1] verfügbaren RHINO-Plattform [BuhBu] (Abbildung 1.2), einem B21 System der Firma Real World Interfaces Inc., implementiert und getestet. Es fügt sich in die bisher vorhandene Software einschließlich des in der Planungssprache RPL (Robot Programming Language) [McDer] implementierten Kontrollprogramms ein. Insbesondere bedeutet dies, daß es durch das RPL-Programm steuerbar und abbrechbar ist.

Zur Ausführung der Suchstrategie werden drei Freiheitsgrade benutzt: Rotation und Translation der Roboter-Basis, sowie Rotation des Kamerakopfes. Die Kippachse des Kamerakopfes wird fixiert. Nur wenn die Kamera stark nach unten geneigt ist, werden die im Bild festgehaltenen Objekte möglichst groß und damit hochauflösend wiedergegeben. Gerade bei kleinen Gegenständen ist dies unerläßlich, um sie mit den vorhandenen Bilderkennungs-Algorithmen zuverlässig zu identifizieren. Daher soll der Neigungswinkel der Kamera so steil wie möglich sein und nicht verändert werden.

Zunächst sollen grundlegende Verfahren und Begriffe sowie einige bisher veröffentlichte Ansätze zur Suche mit autonomen, mobilen Robotern vorgestellt werden (Kapitel 2). Im Anschluß soll gezeigt werden, wie symbolische, pseudosprachliche Informationen in ein adäquates Suchmodell umgeformt werden kann (Kapitel 3). Für die Umformung wird im System bereits vorhandenes Wissen – insbesondere die symbolisch annotierte Umgebungskarte - genutzt. In Kapitel 4 werden verschiedene Strategien angeben, wie das Suchmodell auf zeitliche Restriktionen und erwünschtes Suchverhalten angepaßt werden kann. Anschließend wird darauf eingegangen, wie ein berechneter Suchpfad in einer dynamischen Umgebung zuverlässig ausgeführt werden kann (Kapitel 5). Kapitel 6 beinhaltet eine experimentelle Validierung des Verfahrens. Die

[1] Abteilung III, Institut für Informatik, Rheinische Friedrich Wilhelms Universität, Bonn

verschiedenen Strategien werden in mehreren Meßreihen miteinander verglichen. Aus den Ergebnissen können Kriterien bestimmt werden, mit deren Hilfe sich zu einer Suchaufgabe eine geeignete Strategie bestimmen läßt. Die Strategien liefern abhängig vom Hintergrundwissen verschiedene (verschieden lange) Suchpfade. In Kapitel 7 wird der in dieser Arbeit vorgestellte Ansatz diskutiert.

2 Grundlagen

Im Bereich der autonomen, mobilen Robotik sind bereits verschiedene Suchverfahren entwickelt und eingesetzt worden. In diesem Kapitel sollen zunächst einige Ansätze exemplarisch vorgestellt werden (Abschnitt 2.1.1). Hierbei handelt es sich zum größten Teil um Verfahren, die keinerlei Information oder lediglich Informationen über die Topologie der Umgebung bei der Generierung des Suchpfades berücksichtigen. Im Anschluß wird am Beispiel von Mensch und Biene erläutert, wie biologische Agenten suchen, vor allem, wie vorhandenes Wissen genutzt wird (Abschnitt 2.1.2).

Weiterhin sollen grundlegende Suchverfahren aus der Algorithmentheorie erläutert werden, die die Grundlage für die Suche mit autonomen Robotern bilden (Abschnitt 2.1.3). Im zweiten Teil des Kapitels werden darüber hinaus einige für diese Arbeit grundlegende Begriffe definiert.

2.1 Existierende Ansätze

2.1.1 Suchverfahren für mobile Roboter

Um einen Bereich visuell nach einem Gegenstand abzusuchen, muß eine vollständige Überdeckung dieses Bereiches mit Kamerabildern gewährleistet sein. In der Literatur finden sich hierfür unter anderem folgende Ansätze:

Doty und Harrison [DotHa] entwarfen 1993 einen Überdeckungs-Algorithmus für einen sensor-gesteuerten, verhaltens-basierten Staubsauger-Roboter. Sie geben Wahrscheinlichkeiten für verschiedene Verhaltensweisen vor, wie zum Beispiel einer Hinderniskante zu folgen, wenn der Roboter vor einem Hindernis steht. Der Algorithmus berechnet einen Pfad abhängig von Sensordaten und Zufallszahlen. Mit diesem

Ansatz erreichten sie in Experimenten eine bis zu 80 prozentige Überdeckung der Grundfläche.

Colegrave und Branch [ColBr] setzten 1994 für einen autonomen Staubsauger einen fest vorprogrammierten Pfad ein. Eine Orientierung erfolgte anhand von sichtbaren Umgebungsmerkmalen. Der Pfad wird nicht algorithmisch berechnet. Daher ließe sich lediglich die Effizienz des vom Menschen geplanten Pfades angeben.

Firby, Prokopowicz, Swain, Kahn und Franklin [FirPr] beschäftigten sich 1995 mit dem Problem, Objekte zu suchen. Sie entwarfen einen Algorithmus, der mit dem Roboter CHIP auf dem Roboter-Wettbewerb der IJCAI-95 vorgeführt wurde. CHIP operierte in einer gänzlich unbekannten Umgebung, mußte also eine Karte aufbauen und gleichzeitig suchen. Dazu ließen Firby u.a. den Roboter immer den nächstgelegenen, noch unbekannten Bereich ansteuern. Dies wiederholte sich, bis entweder ein Objekt gefunden, oder die gesamte Umgebung kartographiert war.

Ollis und Stentz [OllSt] veröffentlichten 1996 einen Algorithmus zur Steuerung eines autonomen Mähdreschers. Mit diesem Algorithmus ist es möglich, rechteckige Flächen ohne Hindernisse zu bearbeiten.

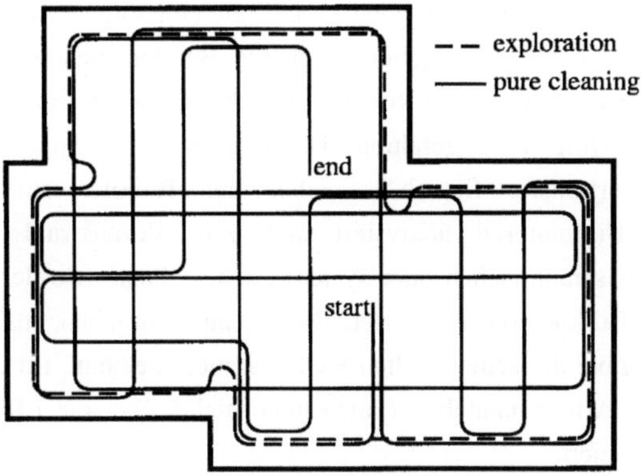

Abbildung 2.1: Pfad erzeugt mit dem Algorithmus von Ulrich, Mondada und Nicoud

Ulrich, Mondada und Nicoud [UlrMo] implementierten 1996 einen Ansatz für einen Staubsauger in unbekannten Räumen. Sie generieren eine Umrißkarte, indem der Roboter an der Wand entlang fährt. Diese Karte enthält lediglich Informationen über Wände, Hindernisse wie Tische und Stühle sind darin nicht enthalten. Zum Staubsaugen fährt der Roboter parallel zu einer Wand. Dabei werden bereits gereinigte Bereiche in der Karte markiert. Stößt er auf ein Hindernis, dreht er rechtwinklig in die Richtung, die nach Karte mehr Schmutz aufweist (Abbildung 2.1). Das Verfahren überdeckt Teile der abzusuchenden Fläche mehrfach. Dies bedeutet, daß die vorhandene Zeit nicht optimal genutzt wird, und daß in gleicher Zeit größere Flächen zu reinigen wären.

Murphy und Sprouse [MurSp] publizierten im selben Jahr einen Artikel über eine laufende Arbeit zum Thema Suche. Sie entwerfen darin ein Modell eines verhaltensbasierten „Search-and-Rescue-Roboters". Hierbei werden zwei grundlegende Suchansätze unterschieden: Die systematische

Suche („systematic Search") bewirkt ein gleichmäßiges Absuchen der Umgebung nach einem vorgegebenen Schema. Bei der semantischen Suche („semantic Search") wird der Roboter zunächst in besonders interessante Bereiche der Umgebung gefahren. Hinzu kommt die opportunistische Suche („opportunistic Search"), wobei der Roboter autonom das entstehende Bildmaterial analysiert und eine Vorauswahl trifft, im Gegensatz zur semantischen oder systematischen Suche, wo der Operator das gesamte Bildmaterial auswertet. Das genaue Vorgehen, insbesondere die Einteilung bei der semantischen Suche ist nicht bekannt. Da es sich um eine laufende Arbeit handelt, ist auch noch nichts über die Effizienz des Ansatzes publiziert.

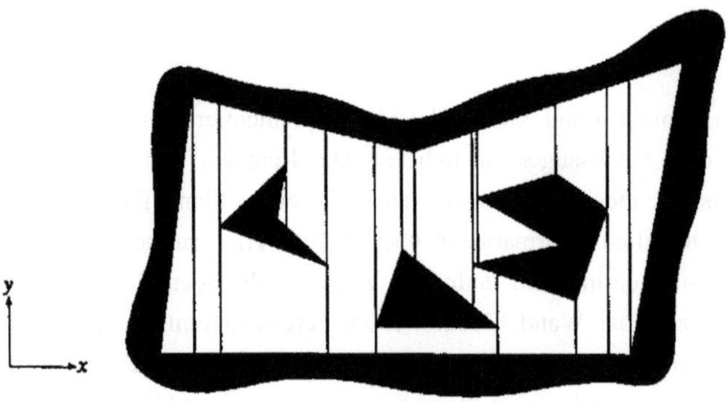

Abbildung 2.2: Beispiel einer „Trapezoidal Decomposition" nach Latombe

Choset und Pignon [ChoPi] stellten 1997 ein schwach informiertes Verfahren zur Überdeckung von beliebigen Flächen vor. Dieses Verfahren basiert auf der „Trapezoidal Decomposition" [Latom], die auch als „Slab Method" [PreSh] bekannt ist. Durch „Trapezoidal Decomposition" wird eine durch Polygone beschriebene Fläche in disjunkte, konvexe Trapezoide zerlegt (Abbildung 2.2). Die Trapezoide haben dabei keine im Voraus festgelegte Größe.

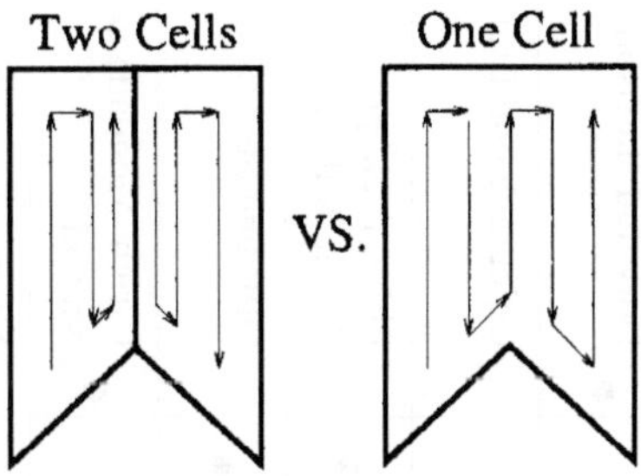

Abbildung 2.3: Pfadplanung nach Choset vor und nach Regionenoptimierung.

Choset und Pignon geben eine Vorschrift an, mit der in der entstehenden Regionenzerlegung Trapezoide verschmolzen werden, so daß möglichst große Regionen entstehen, die noch mit der „Boustrophedon“ genannten Methode abgesucht werden können. Dabei fährt der Roboter innerhalb dieser Region - von der bekannt ist, daß sie keine Hindernisse enthält - Schlangenlinien, bis er die Fläche überdeckt hat (Abbildung 2.3). Choset und Pignon verwenden eine Tiefensuche im Verbindungsgraphen der Trapezoide zur Bestimmung der Reihenfolge, in der die Regionen abgesucht werden. Im Verbindungsgraphen wird jedes Trapezoid durch einen Knoten repräsentiert, zwei Knoten sind durch eine Kante verbunden, falls die zugehörigen Trapezoide benachbart sind. Die Gewichte der Kanten entsprechen den Entfernungen zwischen den Trapezoiden.

Auf Grund der Tiefensuche sind die Ergebnisse stark vom Startpunkt des Roboters in der Umgebung abhängig. Es ist weder möglich, Hintergrundwissen über die Lage eines Objektes einzubringen, noch die vorhandenen Resourcen zu berücksichtigen.

	Doty und Harrison	Colegrave und Branch	Firby, Prokopowicz, Swain, Kahn und Franklin	Ollis und Stentz	Ulrich, Mondada und Nicoud	Murphy und Sprouse	Choset und Pignon
uninformiert	●				●		
schwach informiert			●	●			●
stark informiert						●[2]	
algorithmisch bestimmter Pfad	●		●	●	●	●	●
Weg wird vorausgeplant		●		●			●
Weg wird während der Abarbeitung generiert	●		●		●	●	
setzt kontinuierliche Bildverarbeitung voraus				●		●	●
Überdeckung der erreichbaren Umgebung	≤80%	100%	100%	100%	≤ 100%	?[3]	100%

Tabelle 2.1: Vergleich der vorgestellten Ansätze

Tabelle 2.1 faßt die Eigenschaften der aufgeführten Verfahren nochmals zusammen. Nach der Terminologie der Tabelle wird in dieser Arbeit ein

[2] bei der „semantic Search"

[3] nicht publiziert

stark informiertes Verfahren vorgestellt. Es benutzt eine symbolisch annotierte Karte der Roboter-Umgebung sowie Vorwissen in Form von Beschreibungen, wo der Gegenstand liegen könnte.

2.1.2 Menschliche Suche und Suche der Biene

Die Fähigkeit biologischer Wesen visuell zu suchen wurde in der kognitiven Psychologie und Verhaltenspsychologie erforscht. Als ein Suchproblem wird dort jener Vorgang bezeichnet, bei dem ein Mensch oder Tier versucht, einen *bestimmten* Gegenstand in einer Umgebung zu finden. Die Problematik, daß mehrere Instanzen eines Gegenstandes zu finden sein können, wird grundsätzlich davon unterschieden. Letztere Suchaufgaben stellen eine eigene Problemklasse dar.

Cross und Wellmann [CroWe] wiesen bei Kindern zwei verschiedene Suchstrategien nach, die verwendet werden, um einen bestimmten Gegenstand zu finden:

- Umfassende Suche: Die gesamte Suchumgebung wird umfassend abgesucht. Das Kind gibt keinen Stellen in der Umgebung Prioritäten.
- Selektive Suche: Das Kind berücksichtigt, wo der Gegenstand wahrscheinlich zu finden ist. Es sucht zunächst dort, wo die Wahrscheinlichkeit hoch ist, fündig zu werden. Erst danach sucht es in der restlichen Umgebung. Somerville und Haake [SomHa] stellten fest, daß die Fähigkeit der selektiven Suche ein wichtiger Schritt in der Entwicklung des Kindes ist.

Werden in der Natur hingegen *mehrere Instanzen eines Gegenstandes* gesucht, von denen nicht bekannt ist, wo sie zu finden sind, so kommt ein gänzlich anderes Verfahren zum Einsatz. Sucht beispielsweise eine Biene nach Nektar, so wird sie in der näheren Umgebung einer Fundstelle weitersuchen. Findet sie auf einer Wiese jedoch nur sehr wenig Nektar, obwohl dort sehr viele Blumen vorhanden sind, wird sie die direkte Umgebung der Fundstelle bei ihrer weiteren Suche ignorieren [HetCo].

Letzteres unterscheidet sich vom in dieser Arbeit vorgestellten Ansatz erheblich. Die Unterschiede sind in erster Linie in den Voraussetzungen zu suchen:

- Die Suche der Biene ist uninformiert.[4] Häufig stehen auch bei Suche nach mehreren Instanzen eines Gegenstandes Informationen zur Verfügung, wo diese zu finden sind. Diese können vom Verfahren genutzt werden. Die Biene hat diese a priori Information nicht. Sie scheint aus einer niedrigen Nektardichte zu schließen, daß sie an dieser Stelle wahrscheinlich nicht fündig wird.
- Die Suche der Biene muß nicht vollständig sein. Findet eine Biene nicht alle Blumen mit Nektar ist das nicht weiter schlimm. Eine Inspektionsroboter muß jedoch alle Materialfehler finden, um effektiv eingesetzt werden zu können.

Lediglich für die uninformierte Suche mit beschränkten Resourcen wäre eine Adaption des Verhaltens einer Biene sinnvoll, dies ist beispielsweise mit dem verhaltensbasierten Ansatz von Murphy, Sprouse und Hawkins möglich [MurSp].

2.1.3 Suchproblem und Suchverfahren aus der Algorithmentheorie

Im Folgenden werden verschiedene Ansätze aus der Algorithmentheorie erläutert. Es soll diskutiert werden, inwiefern diese Ansätze zum Lösen von Suchproblemen auf mobilen Roboterplattformen geeignet sind.

[4] Dies ist nur der Fall, wenn eine Biene auf Erkundungsflug ist. Andere Bienen können später durch die Tanzsprache übermittelte Informationen nutzen und den Suchaufwand reduzieren (stark informierte Suche).

2.1.3.1 Das Traveling Salesman Problem

Unter dem Travelling Salesman Problem versteht man folgendes: Es ist ein Graph mit n Knoten gegeben und für jedes Knotenpaar <i,j> eine Entfernung $d_{i,j}$. Es soll ein geschlossener Pfad berechnet werden, der jeden Knoten exakt einmal besucht und dabei die geringsten Kosten (Summe der $d_{i,j}$) hat. Es ist bekannt, daß das Travelling Salesman Problem NP-hart ist [Karp].

Zwei besondere Formen sind das euklidische und das metrische Travelling Salesman Problem. Unter einem euklidischen Problem versteht man den Fall, daß es einen euklidischen Vektorraum gibt, in dem sich alle Knoten des Graphen derart anordnen lassen, daß je zwei beliebige Knoten k_1 und k_2 unter der Metrik des Vektorraumes genau d_{k_1,k_2} weit voneinander entfernt sind. Man nennt ein Travelling Salesman Problem metrisch, wenn für je drei beliebige Knoten k_1, k_2 und k_3 des Graphen gilt:

$$d_{k_1,k_3} \leq d_{k_1,k_2} + d_{k_2,k_3} \tag{2.1}$$

Verschiedene Autoren schlugen für diese beiden Sonderfälle Algorithmen vor, die eine Annäherung an den optimalen Travelling-Salesman-Pfad ermöglichen. Meist läßt sich angeben, um welchen Faktor der berechnete Pfad im Worst-Case vom optimalen Pfad abweicht. Im Folgenden sind nur einige Beispiele genannt:

In vielen Publikationen wird die Navigation entlang des minimalen Spannbaums eines Graphen genannt [Sedge]. Die Reihenfolge der Knoten wird dabei durch Tiefensuche bestimmt. Für die Navigation entlang des minimalen Spannbaums läßt sich nachweisen, daß der berechnete Pfad niemals mehr als doppelt so lang wie der optimale Pfad sein kann (Anhang

B).

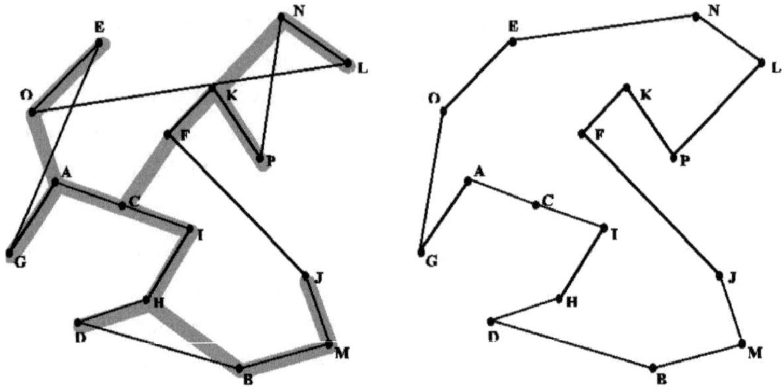

a) b)

Abbildung 2.1: Entfernung von sich kreuzenden Kanten nach Sedgewick. a) Berechnung des Pfades über den minimalen Spannbaum, b) Ergebnis der Optimierung

Sedgewick [Sedge] führt eine Verbesserung dieses Algorithmus auf. Nachdem der gesamte Pfad berechnet ist, werden sich kreuzende Kanten durch sich nicht kreuzende ersetzt (Abbildung 2.4). Dieses Vorgehen führt zu geringfügig kürzeren Pfaden.

Christofides [Chris] entwarf einen approximativen Algorithmus. Dieser berechnet einen Pfad, der maximal 1,5 mal so lang ist wie der optimale.

Fritzke und Wilke [FriWi] beschreiben einen Ansatz aus dem Bereich der Neuroinformatik. Dieser „FLEXMAP" genannte Algorithmus besitzt lineare Komplexität. Er ist für euklidische Traveling Salesman Probleme entworfen, könnte jedoch auf metrische Probleme umgesetzt werden. Ein Worst-Case-Verhalten läßt sich nicht angeben, in Versuchen mit euklidischen Problemen lieferte er Wege, die ca. 7% schlechter waren als das Optimum. Für eine Berechnung mit 300 Knoten würde der Ansatz circa zwei Minuten benötigen. Damit ist er insbesondere für zeitkritische Suchaufgaben nicht schnell genug. Eine mögliche Alternative wäre die Implementierung auf einer Spezialhardware.

2.1.3.2 Das Watchman-Problem

Unter dem Watchman-Problem versteht man das Problem, in einer bekannten Umgebung einen möglichst kurzen Pfad zu berechnen, von dem aus jeder Punkt der Umgebung sichtbar ist. Dabei wird davon ausgegangen, daß der Beobachter kontinuierlich in alle Richtungen gleichzeitig schauen kann.

Diese Problemstellung ist vergleichbar mit der Aufgabe eines Nachtwächters (englisch: watchman) in einem Lagerraum, der während eines Rundgangs die gesamte Lagerfläche einsehen muß.

Man kann prinzipiell zwischen zweierlei Pfaden als Lösung des Watchman-Problems unterscheiden:

- Eine Watchman-Route bezeichnet einen geschlossenen Pfad durch die Umgebung. Die Route endet am dem Punkt, an dem sie auch beginnt. Dies ist der Weg eines Wächters, der kontinuierlich auf einem Rundgang ist.
- Ein Watchman-Pfad ist ein offener Pfad durch die Umgebung, der das Watchman-Problem löst. Anfangs- und Endpunkt des Pfades sind nicht identisch.

Chin und Ntafos [Chi88] zeigten, daß das Watchman-Problem für Umgebungen mit Hindernissen NP-hart ist. Für hindernisfreie Räume hingegen ist es möglich, eine Watchman-Route in polynomieller Zeit zu bestimmen [Chi88], [Chi91].

Für heutige Roboter ist ein Watchman-Pfad (oder eine Watchman-Route) zum Suchen von Objekten nur eingeschränkt verwendbar:

- Der Ansatz setzt voraus, daß es ausreicht, wenn es eine direkte Blicklinie zwischen jedem Bereich der Umgebung und einem Punkt auf dem Watchman-Pfad gibt. Es wird nicht berücksichtigt, daß die von Robotern verwendeten Sensor-Systeme nur eine eingeschränkte optische Reichweite haben.
- Der Ansatz berechnet keine einzelnen Punkte, von denen aus Bilder der Umgebung aufgenommen werden müssen. Vielmehr erfolgt eine kontinuierliche Auswertung von Bilddaten. Dies ist mit gebräuchlichen Bildverarbeitungsprogramme häufig nicht in Echtzeit möglich.
- Mit gängigen Kamerasystemen wird zudem nicht die gesamte Umgebung im 360° Winkel um den Roboter abgebildet. Dies wäre ebenfalls eine Voraussetzung zur Anwendung eines Watchman-Algorithmus.

2.1.3.3 Das Art-Gallery-Problem

Viktor Klee stellte im Jahre 1973 auf einer Konferenz in Stanford die Frage zur Diskussion, wieviele Beobachtungspunkte man mindestens benötigen würde, um eine festgelegte n-eckige Kunstgalerie zu überblicken. Das Problem diese Punkte in Abhängigkeit der Form des Raumes zu berechnen, ist als Art-Gallery-Problem bekannt geworden.

O'Rourke faßt in seinem Buch [Orour] die verschiedenen Ansätze zum Art-Gallery-Problem zusammen. Kolarov [Kolar] gibt in seiner Dissertation genauere Schranken für die Anzahl der benötigten Beobachtungspunkte an. Während für rechtwinklige Räume mit oder ohne rechtwinkligen Hindernissen bisher nur vermutet wird, daß das Art-Gallery-Problem NP-hart ist, ist dies für anders geformte Räume mittlerweile nachgewiesen ([LeeLi] für hindernisfreie und [Orour] für Umgebungen mit Hindernissen).

Wie auch der Watchman-Pfad, sind die Beobachtungspunkte, die ein Art-Gallery-Algorithmus liefert, nicht zum Absuchen einer Umgebung mit einem heutigen Robotersystem geeignet. Auch beim Art-Gallery-Problem wird keine Beschränkung der Sensoren berücksichtigt. Wiederum wird davon ausgegangen, daß der Beobachter beliebig weit und in alle Richtungen schauen kann. Daher ist auch diese Lösung für heutige Systeme ungeeignet.

2.2 Grundlegende Begriffe

Begriffe wie Suchproblem, Suchauftrag und Suchpfad werden in der Literatur häufig abhängig vom Zusammenhang mit verschiedenen Bedeutungen verwendet. Um Mehrdeutigkeiten auszuschließen, sollen nun die grundlegenden Begriffe definiert werden.

Definition: Eine *Suchaufgabe* <OBJ, PROB, RES> ist ein an den Roboter gestellter Auftrag, einen bestimmten Gegenstand zu suchen. OBJ bezeichnet ein zu suchendes Objekt, PROB eine Wahrscheinlichkeitsverteilung und RES eine Resourcenbeschränkung. PROB und RES können die Werte „unbekannt“ beziehungsweise „unbeschränkt“ annehmen.

Hierzu wird eine abstrakte Beschreibung, wo der Gegenstand zu finden sein könnte, und eventuell auch ein Zeitlimit angegeben. Ein Beispiel für eine Beschreibung ist:

```
FIND(red_letter, within 15 minutes)
P_red_letter(BIBLIOTHEK)=1.0
P_red_letter(IN-FRONT-OF(SHELF)|BIBLIOTHEK)=0.7
```

Im Beispiel wird dem System mitgeteilt, daß es nach einem roten Brief suchen soll, der in der Bibliothek zu finden ist und dort wahrscheinlich vor einem Regal (SHELF) liegt.[5] Für diese Suche stehen maximal 15 Minuten zur Verfügung. „red_letter“ entspricht hierbei dem OBJ-Teil der Suchaufgabe, „within 15 minutes“ dem RES-Teil. Aus den angegebenen Wahrscheinlichkeiten läßt sich eine Wahrscheinlichkeitsverteilung berechnen, die den PROB-Teil bildet.

Definition: Ein *Suchpfad* ist eine geordnete Menge von Tripeln <x,y,o>. Werden die Koordinaten <x,y> der Reihe nach abgefahren und dort jeweils nach Ausrichtung der Kamera unter Orientierung o ein Bild mit der Kamera des Roboters aufgenommen, so liefern diese Bilder eine vollständige Überdeckung des abzusuchenden Bereiches.

Verschiedene Suchpfade unterscheiden sich in der Güte. Die Anforderungen an einen „guten“ Pfad sind dabei abhängig von der Art der Suche. Im Folgenden werden einige Kriterien genannt:

- Soll eine Fläche vollständig abgesucht werden, so ist die Gesamtlänge des Suchpfades das entscheidende Kriterium. Dieser Fall tritt zum Beispiel ein, wenn man vor Beginn der Suche noch nicht weiß, wie oft das zu suchende Objekt auftritt. Als Beispiele können Roboter in der Materialprüfung oder Reinigungsroboter, der die Umgebung vollständig reinigen soll, genannt werden. Man weiß vor Beginn der Suche nicht, ob und wieviele Materialfehler auftreten, beziehungsweise, wo der Roboter Schmutz findet.
- Reicht es aus, das Objekt mit einer festgelegten Wahrscheinlichkeit zu finden, ist ebenfalls die Gesamtlänge des Pfades entscheidend. Jedoch muß der Pfad nicht mehr alle Tripel (x,y,o) enthalten, sondern lediglich

[5] $P_{OBJ}(x)$ gebe die Wahrscheinlichkeit an, den zu suchenden Gegenstand OBJ im Bereich x der Umgebung zu finden. Die Notierung steht hier und im Folgenden abkürzend für $P_{OBJ}(FUNDORT=x)$.

eine Teilüberdeckung der abzusuchenden Fläche mit Kamerabildern liefern.

- Kann die Suche nach dem Auffinden des Gegenstandes abgebrochen werden, ist es entscheidend, die erwartete Suchzeit

$$E_T = \sum_i p(r_i) \sum_{i=1}^{t} d_{r_{i-1},r_i} \tag{2.2}$$

zu minimieren. Hierbei seien r_i die anzufahrenden Regionen in der Reihenfolge des Absuchens, d_{r_{i-1},r_i} die benötigte Zeit, um von Region r_{i-1} zu Region r_i zu gelangen und $p(r_i)$ die Wahrscheinlichkeit, den Gegenstand in Region r_i zu finden.

Dieses Kriterium tritt häufig bei Bürorobotern auf, die binnen möglichst kurzer Zeit einen bestimmten Gegenstand auffinden sollen.

- Ist ein Zeitlimit gegeben, so muß die Summe der Wahrscheinlichkeiten der in dieser Zeit abgesuchten Regionen maximiert werden.

Definition: Ein *Suchproblem* bezeichnet das Problem, zu einer gegebenen Suchaufgabe einen möglichst guten Suchpfad zu berechnen.

Definition: Eine *Suchstrategie* bezeichnet ein Verfahren, um einen Suchpfad für ein gegebenes Suchproblem zu generieren.

Das Verfahren nutzt mehrere Teilstrategien, die miteinander kombinierbar sind. Diese werden in Kapitel 4.1.3 und 4.3 erläutert werden.

3 Umgebungsmodelle zur Suche

Um einen Teil der Roboterumgebung abzusuchen, muß eine Menge von Bildern mit der Kamera des Roboters aufgenommen werden, die den Bereich überdeckt. Jeder Punkt der Umgebung, an dem der zu suchende Gegenstand liegen könnte, muß Bestandteil mindestens eines aufgenommenen Bildes sein. Die so gewonnenen Aufnahmen werden von einem (vorhandenen) Bildverarbeitungs-Prozeß [HofPu] nach dem Suchobjekt durchsucht. Im Folgenden wird davon ausgegangen, daß die Bilderkennungsroutinen einen Gegenstand auf einem Bild immer fehlerfrei erkennen.

Die Reihenfolge, in der Bilder von verschiedenen Teilen der Umgebung aufgenommen werden, bestimmt maßgeblich die Güte der Suche. Man kann zwei grundlegende Paradigmen zur Bestimmung der Reihenfolge unterscheiden:

- Bei einem *iterativen* Suchverfahren wird nach jedem Suchschritt - beziehungsweise nach jedem aufgenommenen Bild - neu geplant, wo der Roboter suchen soll. Ein gutes Beispiel hierfür liefert [FirPr] (siehe auch Abschnitt 2.1.1).
- Bei einem *vorausplanenden* Suchverfahren wird der gesamte Suchpfad festgelegt, bevor der Roboter das erste Bild aufnimmt. Hier sind das Watchman-Problem (Abschnitt 2.1.3.2), das Art-Gallery-Problem (Abschnitt 2.1.3.3) und topologische Graphsuchverfahren zu nennen.

Die Verarbeitungsgeschwindigkeit der vorhandenen Bildverarbeitung läßt es nicht zu, kontinuierlich Aufnahmen der Umgebung anzufertigen und auszuwerten. Dadurch ist es nicht ausreichend, einen Suchpfad abzufahren und lediglich die Kamera mitlaufen zu lassen. Anderenfalls entspräche der zu berechnende Suchpfad der Lösung eines Watchman-Problem (siehe Abschnitt 2.1.3.2). Es ist vielmehr notwendig vorauszuplanen, welchen

Ausschnitt der Umgebung der Roboter zu welchem Zeitpunkt und von welchem Standpunkt aus aufnehmen soll. Dies entspricht dem Art-Gallery-Problem (siehe Abschnitt 2.1.3.3). Dabei müssen jedoch zusätzlich Gegebenheiten wie Bildgröße und maximale Entfernung, in der Objekte noch erkennbar sind, berücksichtigt werden. Diese Beschränkungen werden im Art-Gallery-Problem nicht beachtet.

Aufgrund der genannten Einschränkungen für Watchman- und Art-Gallery-Algorithmen bietet es sich daher an, ein topologisches Graphsuchverfahren zu implementieren.

Zunächst wird eine topologische Repräsentierung der Umgebung bestimmt (Abschnitt 3.1 und 3.2). Die Graph-Darstellung dieser Repräsentation wird anschließend unter Berücksichtigung des Hintergrundwissens auf das jeweilige Suchproblem angepaßt. In diesem Graphen werden Kosten und Nutzen definiert, so daß die Suche darin der Lösung eines Traveling-Salesman-Problems entspricht.

Damit das vorhandene Hintergrundwissen effektiv zur Anpassung des Suchpfades an das jeweilige Suchproblem einsetzbar ist, muß es in einem geeigneten Modell der Umgebung abgelegt sein. Hierzu werden zwei Repräsentationen miteinander verknüpft. Die *Suchumgebungskarte* (Abschnitt 3.1) enthält strukturelle Informationen über die Umgebung. Sie ist unabhängig vom jeweiligen Suchauftrag und muß daher nur einmalig vorberechnet werden. Hingegen muß das *Suchaufgaben-spezifische Modell* (Abschnitt 3.2) für jeden neuen Suchauftrag neu generiert werden. Es enthält das Hintergrundwissen, das für diesen Suchauftrag benötigt wird.

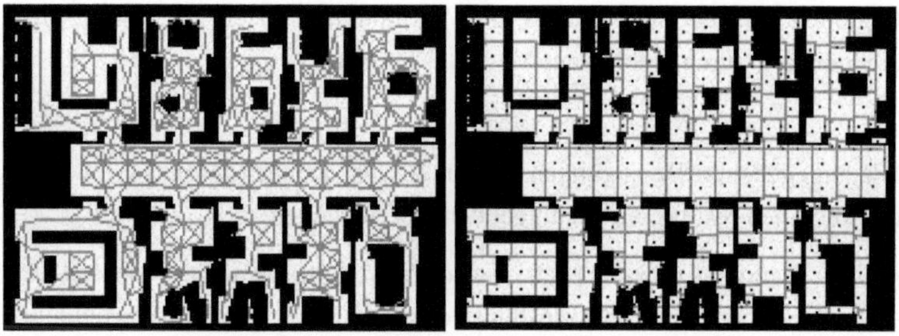

Abbildung 3.1: Suchgraph und Regionenzerlegung

3.1 Die Suchumgebungskarte

3.1.1 Aufbau der Suchumgebungskarte

Die Suchumgebungskarte beinhaltet topologische Informationen über die Umgebung. Als Repräsentation der Topologie wird der Suchgraph verwendet.

Definition: Der *Suchgraph* $SG=(V_{SG},E_{SG})$ ist ein ungerichteter Graph, der eine symbolische, topologische Repräsentation der Umgebung bietet. Er enthält eine Menge von Knoten V_{SG}, die paarweise disjunkte, konvexe Bereiche der Umgebung – *Regionen* – repräsentieren, die maximal so groß sind, daß sie mit jeweils *einem* Kamerabild aufgenommen werden können. Zwei Knoten k_i und k_j aus V_{SG} des Suchgraphen sind mit einer Kante (k_i,k_j) aus E_{SG} verbunden, wenn die dadurch repräsentierten Regionen adjazent sind.

Der *Suchgraph* $SG'=(V_{SG}',E_{SG}')$ *einer Teilmenge von Knoten* $V_{SG}' \subseteq V_{SG}$ enthält die Knoten aus V_{SG}'. Zwei Knoten k_i und k_j aus V_{SG}' sind mit einer Kante (k_i,k_j) aus $E_{SG}' \subset E_{SG}$ verbunden, wenn die dadurch repräsentierten

Regionen adjazent sind oder es eine Verbindung zwischen k_i und k_j gibt, die lediglich durch Knoten aus $V_{SG} \setminus V_{SG}'$ führt.

Die angegebenen Bedingungen (Disjunktivität, Konvexität und Größe) für die Regionen resultieren aus folgenden Überlegungen:

- Die Regionen müssen paarweise *disjunkt* sein, da ihnen während der Suche über eine Nutzen-Funktion (Abschnitt 3.2.2) Wertigkeiten zugeordnet werden, die der Wahrscheinlichkeit entsprechen, daß das zu suchende Objekt sich in der Region befindet. Es ist auszuschließen, daß die Wertigkeit für einen Punkt der Umgebung mehrfach vergeben wird. Es soll sich eine Zuordnungsfunktion angeben lassen, die jeden Rasterpunkt der Umgebungskarte genau einer Region zuordnet.

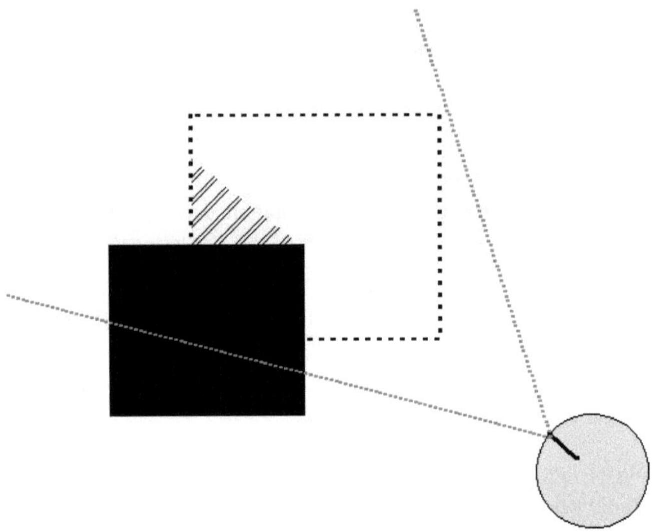

Abbildung 3.1: Sichtprobleme bei konkaven Regionen

- *Konvexität* ermöglicht es, die Region aus möglichst vielen Blickwinkeln mit der Kamera zu erfassen. Ragt die Ecke eines Hindernisses in eine Region hinein, ist die Region also konkav, so gibt es Blickwinkel, unter denen Teile der Region durch das Hindernis verdeckt sind. Abbildung 3.2 zeigt ein Beispiel einer konkaven Situation. Der schraffierte Bereich ist für den Roboter nicht sichtbar.
- Die Größenbeschränkung gewährleistet, daß es ausreicht, von jeder Region ein Bild aufzunehmen, um die gesamte abzusuchende Fläche abzubilden. Hierdurch wird die Bestimmung von Sichtpunkten für eine Region ermöglicht.

<u>Definition:</u> Ein *Sichtpunkt* $<x,y,o>$ für eine Region k_i ist ein Punkt in der Umgebung des Roboters, der von Position $<x,y>$ unter Orientierung o das Aufnehmen eines Bildes von k_i ermöglicht und der folgende Kriterien erfüllt:

- Er ist vom Roboter erreichbar.
- Die Sicht von diesem Punkt auf die Region ist nicht durch Hindernisse blockiert.
- Er hat eine festgelegte Entfernung („Sicht-Entfernung“) d_S zur Region.

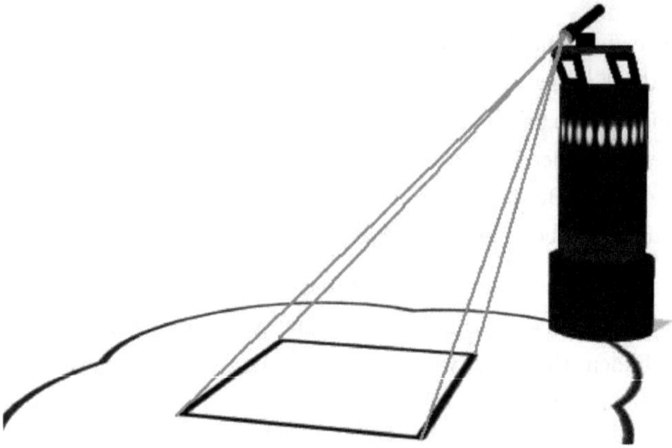

Abbildung 3.2: Entfernung der Sichtpunkte zur Region

Das Entfernungs-Kriterium ist erforderlich, da der Roboter Objekte, die näher als die Sicht-Entfernung d_S vor ihm liegen, nicht mehr mit der Kamera wahrnehmen kann. Um die Erkennung durch den Vision-Prozeß zu vereinfachen, sollen andererseits alle Objekte der Region im Kamerabild möglichst groß und damit hochauflösend erscheinen. Im Idealfall liegt der Sichtpunkt daher genau auf der Entfernung d_S zur Region. Abbildung 3.3 zeigt alle Sichtpunkte (rot) in Entfernung d_S zur Region (blau).

Soll der Suchpfad über den Suchgraph berechnet werden, ist neben einer Nutzen-Funktion eine Kosten-Funktion erforderlich, um Aussagen über die Qualität eines Suchpfades zu machen. $d(k_i,k_j)$ gebe die Entfernung zwischen zwei Knoten k_i und k_j im Suchgraphen an:

$$d(k_i,k_j) = \begin{cases} \text{Länge des kürzesten Pfades zwischen den Mittelpunkten der zu } k_i \text{ und } k_j \\ \text{gehörigen Regionen, falls } (k_i, k_j) \in E_S \\ \\ d(k_i, k_{h1}) + \ldots + d(k_{hn}, d_j), \text{ mit } (k_i, k_{h1}, \ldots, k_{hn}, k_j) \text{ der kürzeste Pfad im} \\ \text{Suchgraphen zwischen } k_i \text{ und } k_j \end{cases} \tag{3.1}$$

Hierbei gilt folgende Annahme: Die kürzesten Pfade zwischen den Regionsmittelpunkten $M(k_i)$ und $M(k_j)$ liefern eine gute Näherung für die Entfernung zwischen einem Sichtpunkt für Region k_i und einem Sichtpunkt für Region k_j. Durch diese Annahme ist eine Metrik gegeben, die für die Berechnung des Suchpfades nötig ist.

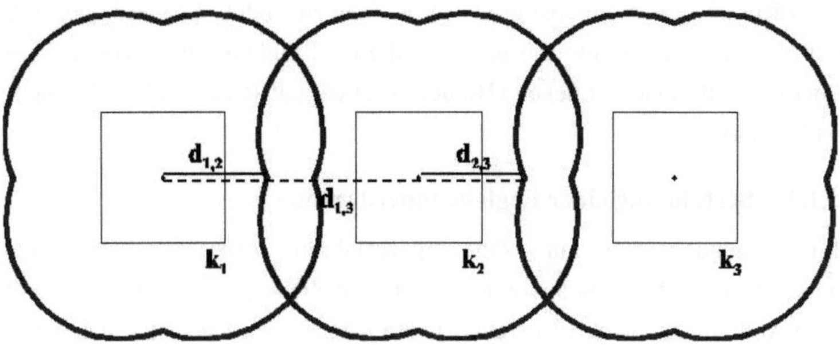

Abbildung 3.3: Bei Verwendung der Entfernung zwischen Mittelpunkt und Sichtpunkt ist keine Metrik gegeben.

Verwendet man statt dessen die Entfernung zwischen dem Mittelpunkt von k_i zum nächsten Sichtpunkt von k_j, entsteht ein gerichteter Graph, auf dem die Existenz einer Metrik nicht mehr gesichert ist. Im Beispiel (Abbildung 3.4) zeigt sich, daß

$$d_{1,3} \geq d_{1,2}+d_{2,3} \tag{3.2}$$

und damit die Bedingung für eine Metrik (Gleichung 2.1) verletzt ist. Eine Betrachtung der Entfernung von Sichtpunkt zu Sichtpunkt würde eine Metrik implizieren, jedoch ist der gewählte Sichtpunkt für eine Region k_i von der Reihenfolge der bisher angefahrenen Regionen $k_0 \ldots k_{i-1}$ abhängig. Das Problem, in diesem Graphen einen Pfad zu finden, würde deutlich komplexer und wäre nicht mehr in Echtzeit berechenbar.

3.1.2 Berechnung der Suchumgebungskarte

Je weniger Knoten der Graph der Suchumgebungskarte beinhaltet, desto weniger Regionen müssen abgesucht werden und desto schneller ist die Suche. Daher ist es erstrebenswert, eine möglichst minimale Anzahl von Regionen zur Überdeckung zu verwenden[6], beziehungsweise eine Überdeckung aus möglichst großen Regionen zu finden. Es wurde gezeigt, daß es keine effiziente Lösung für dieses Problem gibt, falls die zu überdeckende Fläche Lücken (Hindernisse) enthält [Lingas]. Das Problem ist NP-hart.

3.1.2.1 Berechnung einer Regionenüberdeckung

Im Folgenden soll ein Näherungsverfahren (`environment_map`) angegeben werden, das aus einer gegebenen metrischen Umgebungskarte eine Abbildungsvorschrift berechnet, die jeden für den Roboter sichtbaren Kartenpunkt eindeutig einer Region zugeordnet. Auf Basis dieser Abbildungsvorschrift können auch Aussagen über Lage und Größe einer beliebigen Region gemacht werden. In Kapitel 6.2 wird das Verfahren mit von Hand bestimmten Überdeckungen verglichen.

Zunächst wird ein solches Verfahren unter Einschränkung auf Umgebungen, in denen nur rechtwinklige, achsenparallele Objekte

[6] Eine Überdeckung aus einer minimalen Anzahl von Regionen wird minimale Überdeckung genannt.

vorkommen, angeben. Dies wird später auf beliebige Umgebungen erweitert.

```
environment_map:
  draw_raster_into_metric_map(maximal_region_size)
  determine_regions                    // erste
                                          Regioneneinteilung
  for i=1 to number_of_regions         // konkave Regionen in
    if region[i] is concav then        // mehrere konvexe
      for each concav corner           // unterteilen
        draw_line(concav_corner,
                  opposite_corner)
      next
    fi
  next
  determine_regions

opposite_corner:                       // Bestimmung der
case concav_corner is                  // „gegenüber-liegenden“
                                       // Ecke
    lower left corner of an obstacle:
      find closest corner of region[i]
           that is below and left of concav_corner
    lower_right corner of an obstacle: [...]
    [...]
```

Code 3.1: Generierung der Suchumgebungskarte für Umgebungen mit rechtwinkligen, achsenparallelen Objekten.

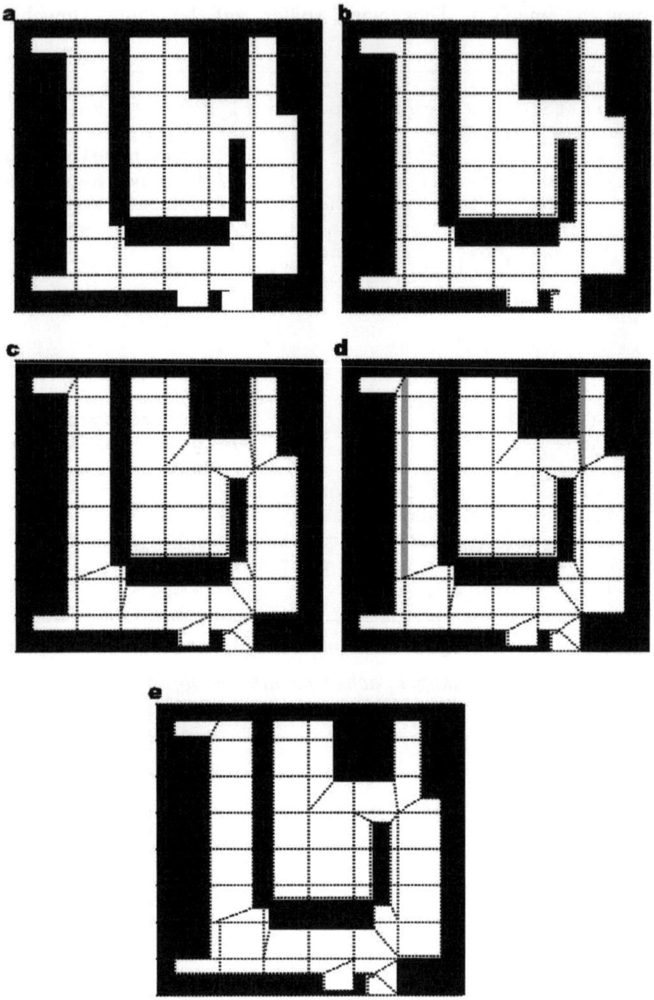

Abbildung 3.1: Generierung der Regionenüberdeckung

Die Berechnung der Regionen entspricht zunächst einer Veränderung der Auflösung der metrischen Karte. Anstatt eine metrische Karte mit einer hohen Auflösung zu verwenden, wird eine Karte mit einer sehr viel niedrigeren Auflösung benutzt. Im Falle des verwendeten RHINO-Systems bedeutet dies ein Herunterrechnen der Auflösung von 15cm*15cm (was einem Kartenpunkt entspricht) auf 150cm*150cm (was der Größe einer Region entspricht). Durch Überlagern der metrischen Karte mit einem entsprechenden achsenparallelen Rastergitter erreicht man zunächst eine Unterteilung in disjunkte, hinreichend kleine Regionen (Abbildung 3.5 a).

Diese Umrechung der Kartenauflösung läßt einige Sonderfälle unberücksichtigt:

- Die Regionen können von Hindernissen in mehrere Teilregionen zerlegt werden. Jede Teilregion wird in diesem Fall als eigenständige Region übernommen (Abbildung 3.5 b).
- Verläuft ein Hindernis nicht quer durch eine Region, sondern hat einen Eckpunkt in einem Rasterquadrat, so entsteht eine konkave Region. Zieht man eine zusätzliche Rasterlinie von jeder „Innenecke“ zur nächsten diagonal gegenüberliegenden „Außenecke“, so zerfällt die konkave Region in mehrere konvexe Teilregionen (Abbildung 3.5 c).

Zur Optimierung der Regioneneinteilung können benachbarte Regionen solange miteinander verschmolzen werden, wie dadurch weder die Konvexität noch die maximale Regionengröße verletzt wird. Dieser Optimierungsschritt verringert die Anzahl der gebildeten Regionen und somit die Anzahl der Knoten im Suchgraphen erheblich (Abbildung 3.5 d). Abbildung 3.5 e zeigt die endgültige Unterteilung.

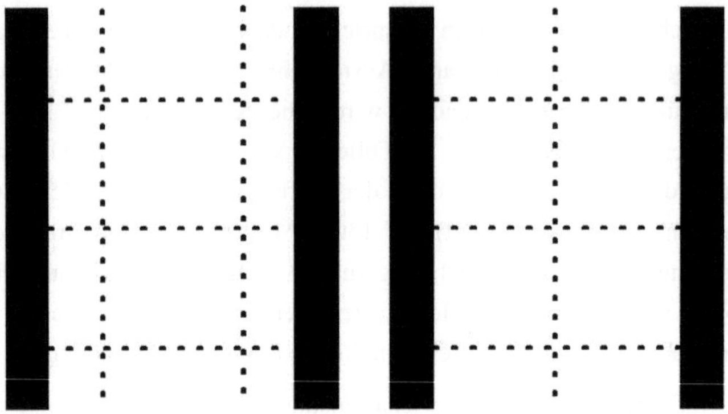

a) *b)*

Abbildung 3.2: Der vorgestellte Optimierungsalgorithmus kann den Schritt von a) nach b) nicht berechnen.

Bei Verwendung des angegebenen Optimierungsverfahren wird nicht zwangsläufig eine Überdeckung aus minimal vielen Regionen berechnet. Abbildung 3.6 zeigt ein Beispiel, in dem keine optimale Überdeckung gefunden wird. Das Zusammenfassen von kleinen Regionen erfolgt nur, falls diese benachbart sind. Im Beispiel ist dies nicht gegeben. Die zwischen den zwei kleinen Rand-Regionen liegende mittlere Region müßte halbiert werden. Anschließend ließe sich je ein Hälfte mit einer kleinen Region verschmelzen, um letztendlich eine geringere Gesamtanzahl an Regionen zu erhalten.

Eine weitergehende algorithmische Optimierung als die vorgestellte wäre jedoch sehr Rechenzeit-aufwendig, daher wurde in der Implementation darauf verzichtet.

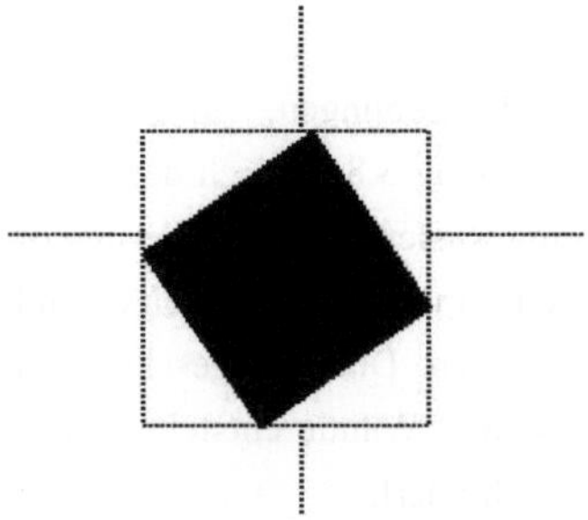

Abbildung 3.3: Nicht achsenparallele Objekte werden mit einer konvexen, achsenparallelen Bounding-Box umgeben.

Um nun eine solche Überdeckung aus disjunkten, konvexen Regionen auch für Umgebungen mit beliebigen Hindernissen angeben zu können, reicht es aus, alle nicht achsenparallelen oder nicht rechtwickligen Hindernisse mit einer Bounding-Box zu umgeben, wodurch sich ein rechtwinkliges, achsenparalleles Hindernis und mehrere Regionen ergeben (Abbildung 3.7). Bei einem runden Hindernis läßt es sich nicht vermeiden, daß die umliegenden Regionen konkav sind.

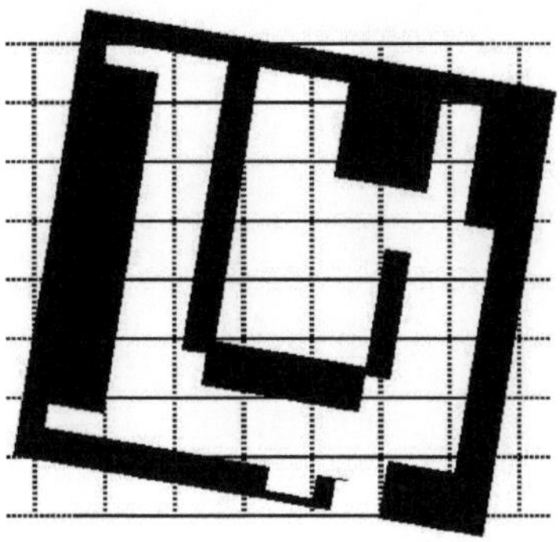

Abbildung 3.4: Überlagerung von nicht achsenparallelen Räumen.

Desweiteren gibt es Umgebungen, in denen nicht alle Räume achsenparallel sind (Abbildung 3.8). Durch das Überlagern der metrischen Karte mit einem gröberen Raster (die Veränderung der Auflösung) werden die Regionen jedoch achsenparallel ausgerichtet und stehen damit schräg zu Wänden und Hindernissen. Durch abgeschrägte Regionen, die an den Rändern der Hindernisse und Wände entstehen, wird das Erreichen eines optimalen Ergebnisses verhindert.

Aus der so berechneten Regionenüberdeckung läßt sich der (topologische) Suchgraph generieren, indem man jedem Regionsmittelpunkt einen Knoten zuordnet und die Knoten von zwei aneinanderstoßenden Regionen mit einer Kante verbindet.

3.1.2.2 Berechnung von Sichtpunkten

```
calculate_view_points(region r, min_distance):
  for all points p with distance min_distance to r
    if p is reachable and              // Bestimmen aller
       no obstacle between p and       // möglichen
       any point on the border of r   // Sichtpunkte
       then p is viewpoint
    fi
  next
  if found more than one viewpoint     // Wenn es mehrere
  then                                 // Sichtpunkte
    take only points that have         // gibt: nur die am
    double safety distance to          // besten erreichbaren
    any obstacle                       // übernehmen
  fi
  if no_such_point_available then
    take only points that have maximum safety distance
  fi
  if no_viewpoint_found then           // größere Entfernung
    calculate_view_points(r,           // verringert die
      min_distance+1)                  // Auflösung, daher
fi                                     // wird dies nur
                                       // versucht, wenn es
                                       // sonst keine
                                       // Sichtpunkte gibt.
```

Code 3.1: Berechnung der Sichtpunkte

Wie bereits in Abschnitt 3.1.1 erläutert, müssen zu jeder durch einen Knoten k_i repräsentierten Region auch alle möglichen Sichtpunkte berechnet werden. Zunächst wird anstelle der Region eine rechtwinklige Bounding-Box um die Region betrachtet. Die Berechnung der Sichtpunkte vereinfacht sich dadurch. Wird ein Bild der Bounding-Box aufgenommen, sind auch alle Punkte der Region im Bild zu sehen.

In diesem Abschnitt wird erläutert, wie die Sichtpunkte berechnet werden können. Dazu wird analog zu den drei in Abschnitt 3.1.1 genannten

Bedingungen für Sichtpunkte (Entfernung, Erreichbarkeit und Sichtbarkeit) vorgegangen.

- Zunächst werden alle Punkte in Sicht-Entfernung zur Bounding-Box konstruiert. Diese sind gerade soweit von der Bounding-Box entfernt, daß der nächste Punkt innerhalb der Box noch im Kamerabild erscheint. Entscheidend ist also die Entfernung in Sichtrichtung. Die Achse orthogonal zur Sichtrichtung spielt für das Entfernungs-Kriterium keine Rolle.

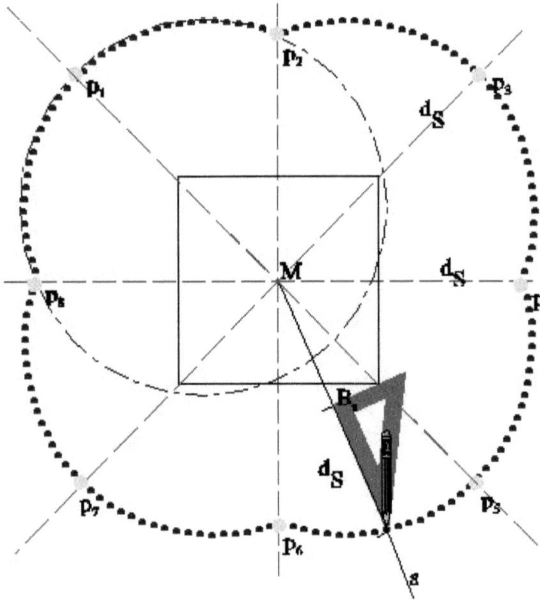

Abbildung 3.1: Bestimmung von Punkten mit Sicht-Entfernung (gepunktete Linie) zur Bounding-Box einer gegebenen Region (Quadrat in der Mitte)

Abbildung 3.9 zeigt alle Punkte die diese Entfernungsbedingung für eine gegebene Region erfüllen. Sie lassen sich nach folgender Vorschrift konstruieren: Man bestimme zu jedem Strahl s den Basispunkt B_s als denjenigen Punkt, für den die Senkrechte zu s durch B_s eine Tangente der Bounding-Box ist. Der Sichtpunkt auf dem Strahl liegt d_S weit von B_s entfernt nach außen.

Alle Sichtpunkte liegen auf den vier Kreisbögen gegeben durch (p_2,p_3,p_4), (p_4,p_5,p_6), (p_6,p_7,p_8) und (p_8,p_1,p_2), wobei $p_{1..8}$ die acht Sichtpunkte sind, die auf den Verlängerungen der Winkel- und Seitenhalbierenden der Bounding-Box liegen. Sie sind besonders ausgezeichnet, da nur für diese Punkte der Punkt B_s auf dem Rand der Bounding-Box liegt. Damit sind diese Punkte sehr leicht zu berechnen, da lediglich die Entfernung entlang der Winkel- bzw. Seitenhalbierenden bis zur Bounding-Box betrachtet und nicht zunächst B_s bestimmt werden muß.

- Ob ein Punkt in Sicht-Entfernung für den Roboter erreichbar ist, wird durch Vergleich mit der metrischen Karte bestimmt.

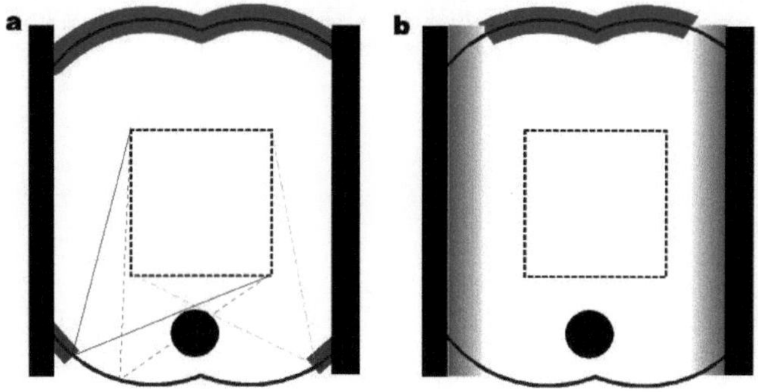

Abbildung 3.2: Berechnung von Sichtpunkten

- Als drittes Kriterium wird die Sichtbarkeit berücksichtigt. Für jeden dieser erreichbaren Punkte p_i in Sicht-Entfernung d_S wird geprüft, ob die Region wirklich sichtbar ist oder ob der Blick durch ein Hindernis verdeckt wird. Hierzu genügt es, für jeden Punkt p_r der Regionsgrenze (mittleres Quadrat) zu überprüfen, ob die Strecke (p_i, p_r) in der metrischen Karte ein Hindernis schneidet (Abbildung 3.10 a).

Existieren mehrere Punkte p_s, die alle drei Bedingungen erfüllen, ist es sinnvoll, nur diejenigen zu speichern, die möglichst weit von den umliegenden Hindernissen entfernt sind (Abbildung 3.10 b).

Durch diese Einschränkung wird vermieden, den Roboter sehr nah an einem Hindernis zu fahren, was aufgrund der ungenauen Sensorik sehr aufwendig ist.

Das Berechnen mehrerer Sichtpunkte erleichtert die Suche, da es in einer dynamischen Umgebung vorkommen kann, daß ein Sichtpunkt nicht mehr für den Roboter erreichbar ist (beispielsweise wenn dort ein Mensch steht). Weiterhin kann so von jedem Punkt der Umgebung der nächstmögliche Sichtpunkt einer Region angesteuert werden.

Abbildung 3.3: Bereiche, die für den Roboter nicht sichtbar sind.

Es fällt auf, daß es aufgrund des einzuhaltenden Mindestabstands Stellen in der Umgebung gibt, von denen der Roboter kein Bild aufnehmen kann (Abbildung 3.11).

3.2 Das Suchaufgaben-spezifische Modell

3.2.1 Aufbau des Suchaufgaben-spezifischen Modells

Eine Suchumgebungskarte ist eine abstrahierte Darstellung der gesamten Umgebung, bestehend aus einer Regionenuntergliederung und topologischen Informationen. In ihr ist das Wissen über die Umgebung abgelegt. Allein mit Hilfe dieser Karte läßt sich die Umgebung bereits systematisch absuchen. Eine Aussage darüber, in welcher Reihenfolge die Regionen am günstigsten angefahren werden, läßt sich jedoch nur unter Verwendung von Hintergrundwissen machen, das durch den jeweiligen *Suchauftrag* gegeben ist.

Dieses Wissen schließt möglicherweise einen Teil der Regionen schon von vornherein von der Suche aus, da der zu suchende Gegenstand dort sicher nicht liegen kann. Für andere Bereiche der Umgebung lassen sich durch dieses Vorwissen Wahrscheinlichkeiten angeben, daß das zu suchende Objekt sich dort befindet.

Als Repräsentation dieses Wissens bietet sich ein gewichteter Spannbaum des Suchgraphen an, der im Folgenden Suchspannbaum genannt wird.

Definition: Der *Suchspannbaum* $S=(V_S,E_S)$ zu einem gegebenen Suchgraphen SG ist dessen minimaler Spannbaum. Jeder Knoten $k_i \in V_S$ ist mit $R(k_i)$, der Wahrscheinlichkeit, den Gegenstand im mit dem Knoten k_i beginnenden Teilbaum zu finden, annotiert. Jede Kante $(k_i,k_j) \in E_S$ wird mit $D(k_i,k_j)$, den Kosten, um den Teilbaum ab der Kante (k_i,k_j) abzufahren, gewichtet.

Dabei kann der minimale Spannbaum effizient mit dem Verfahren von Kruskal [Gütin] berechnet werden.

Definition: Seien b_i alle Knoten, von denen nur eine Kante ausgeht („*Blätter*"), so sei die *Wurzel* W_S *eines Suchspannbaums S* derjenige Knoten, für den

$$w(k) = \sum_i d(b_i, k) \tag{3.3}$$

maximal ist. Gibt es mehrere Maxima, so wird ein beliebiges ausgezeichnet.

Durch die Definition einer Wurzel sind Suchspannbäume mit Suchbäumen vergleichbar, und der Begriff *Teilbaum* ist analog dazu definiert. Die *Tiefe* eines Knoten $k \in S$ ist sein Abstand zur Wurzel, also die Anzahl der Kanten auf dem Pfad von k zu w(S) [OttWi]. parent(k_i) gibt den *Vorgängerknoten* des Knoten k_i in der Baumstruktur an.

Die Kosten D(k_i,k_j) im Suchspannbaum S und der Nutzen R(k_i) lassen sich mit Hilfe folgender Funktionen angeben:

- p(k_i) *eine Nutzen-Funktion*, die die Wahrscheinlichkeit liefert, daß die durch Knoten k_i repräsentierte Region das zu suchende Objekt enthält (vgl. Abschnitt 3.2.2).
- d(k_i,k_j) ist eine *Kostenfunktion*. Sie entspricht der Kostenfunktion des Suchgraphen (vgl. Abschnitt 3.1.1), eingeschränkt auf die im Suchspannbaum enthaltenen Kanten.

Sei ferner

$$K_{k_i} = \{k \in V_S \mid parent(k) = k_i\} \tag{3.4}$$

die Menge der Tochterknoten eines Knoten k_i.

So ist

$$R(k_i) = p(k_i) + \sum_{k_j \in K_{k_i}} R(k_j) \tag{3.5}$$

$$D(parent(k_i), k_i) = d(parent(k_i), k_i) + \sum_{k_j \in K_{k_i}} D(k_i, k_j) \tag{3.6}$$

D(parent(W_S),W_S) ist nicht definiert, da parent(W_S) kein Knoten ist.

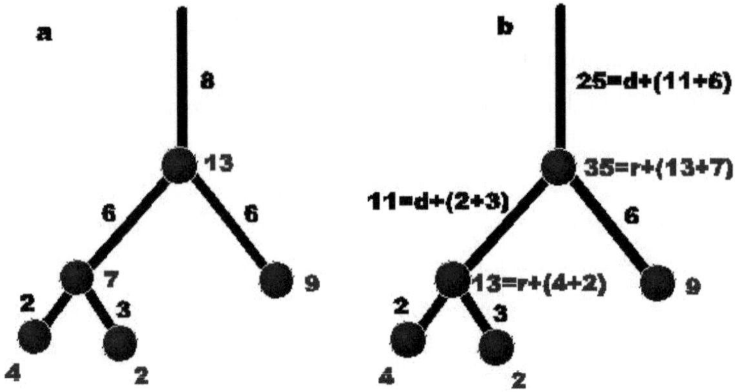

Abbildung 3.1: Suchspannbaum, a) mit p und d angetragen,

b) mit R und D

Das Suchaufgaben-spezifische Modell besteht aus einem Suchspannbaum (Abbildung 3.12).

3.2.2 Berechnung der Nutzen-Funktion zu einem gegebenen Suchauftrag

In diesem Abschnitt soll eine Nutzen-Funktion zu einem gegebenen Suchauftrag berechnet werden. Der Nutzen $p(k_i)$ einer Region k_i entspricht der Wahrscheinlichkeit, den zu suchenden Gegenstand in Region k_i zu finden.

Jeder Knoten der Suchumgebungskarte soll mit einem Wahrscheinlichkeitswert assoziiert werden. Dieser Wahrscheinlichkeitswert gibt an, mit welcher Wahrscheinlichkeit das zu suchende Objekt in der zum Knoten gehörenden Region zu finden ist. In diesem Abschnitt wird erläutert, wie dieser berechnet werden kann.

vor	IN-FRONT-OF	
vorne rechts	FRONT-RIGHT	
rechts	RIGHT	
hinten rechts	BEHIND-RIGHT	
hinten	BEHIND	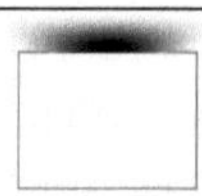
hinten links	BEHIND-LEFT	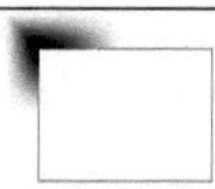
links	LEFT	
vorne links	FRONT-LEFT	
in der Nähe von	NEXT-TO	

Tabelle 3.1: Verwendete Relationen mit graphischer Verteilung

Da ein Benutzer nicht in Kartenkoordinaten oder Suchregionen denkt, wird eine symbolische Beschreibungssprache verwendet, mit der sich angeben läßt, wo ein Objekt wahrscheinlich zu finden ist. Hierzu können Raumnamen, Objekte, die in der im RHINO-System vorhandenen symbolisch annotierten Umgebungskarte [Giese] aufgeführt sind, und neun verschiedene Relationen (Tabelle 3.1) verwendet werden.

Eine Relation R bildet ein Objekt OBJ, das in der symbolisch annotierten Umgebungskarte enthalten ist, auf einen Bereich der Umgebung F_R ab. Unter Verwendung dieser Karte lassen sich Angaben über Position, Größe und Orientierung eines Hindernisses machen. Hieraus lassen sich für rechteckige Hindernisse die Eckpunkte eines Objektes sowie die Seitenmittelpunkte bestimmen. Mit Hilfe dieser acht Punkte werden die implementierten Relationen definiert (Tabelle 3.1). Die Relationen `IN-FRONT-OF`, `BEHIND`, `RIGHT` und `LEFT` liegen jeweils zwischen zwei Eckpunkten, die Relationen `FRONT-RIGHT`, `BEHIND-RIGHT`, `BEHIND-LEFT` und `FRONT-LEFT` liegen zwischen zwei Seitenmittelpunkten. Die Relation `NEXT-TO` befindet sich zu allen Seiten des Hindernisses. Für runde Hindernisse ist lediglich die Relation `NEXT-TO` definiert. Wie weit sich die Relation vom Hindernis weg erstreckt, kann durch den Benutzer vorgegeben werden.

Das folgende Beispiel beschreibt die Situation, daß ein roter Briefumschlag zu suchen ist, der sich mit einer Wahrscheinlichkeit von 50 Prozent in Raum A-120 und mit 40 prozentiger Wahrscheinlichkeit im Robotik-Labor befindet. Dies impliziert, daß der Briefumschlag mit einer Wahrscheinlichkeit von 10 Prozent in einem anderen Raum einschließlich dem Flur liegt. Befindet er sich in Raum A-120, so ist er mit je 50 prozentiger Sicherheit in der Nähe vom linken Schreibtisch (LEFT DESK) oder innerhalb von 75cm rund um den rechten Schreibtisch (RIGHT DESK) zu finden. Der Suchauftrag muß binnen 10 Minuten erledigt sein. Diese Vorgabe kann in pseudo-natürlichsprachlicher Form wie folgt formuliert werden:

```
FIND(red_letter, within 10 minutes)
P_red_letter(A-120)=0.5
P_red_letter(ROBOTIK-LABOR)=0.1
P_red_letter(NEXT-TO(Desk1)|A-120)=0.5
P_red_letter(NEXT-TO(Desk2, within 75cm)|A-120)=0.5
```

Aus diesen symbolischen Informationen soll eine Nutzen-Funktion berechnet werden. Dazu werden sie zunächst in eine Wahrscheinlichkeitsverteilung p(<x,y>) umgeformt, aus der sich der Nutzen für eine Region k_i berechnen läßt.

```
calculate_reward:
  for each room R                        // Berechnung der Wahr-
    for each relation Z in room R        // scheinlichkeit für
      determine all points <x,y>         // jeden Rasterpunkt
        affected by relation z
      for all <x,y> affected by z
         calculate p(<x,y>)=P(Z|R)*P(R)*f(<x,y>)
      next
    next
  next

  for all regions r                      // und für jede Region
    reward[r]=sum(p(<x,y>)), <x,y>∈r
  next
```

```
calculate_search_tree:                    // Kosten und Nutzen
                                          // berechnen
  calculate root
  for all regions r reverse sorted by depth
                                          // (Blatt, Blatt, ...,
                                          // Wurzel)
    calculate value[r]=reward[r]+sum(value[i]),
i∈{x|parent(x)=r}
    calculate costs[parent(r),r]
              = dist[parent(r),r]+sum(costs[r,i]),
i∈{x|parent(x)=r}
  next

search_task_modell:
  calculate_reward
  calculate_search_tree
```

Code 3.1 : Berechnung des Suchaufgaben-spezifischen Modells

Bestimmung der Nutzen-Funktion:

Zunächst muß die Fläche F_R, auf die sich eine Relation R bezieht, berechnet werden. Diese Fläche wird bestimmt durch R, die Lage des Objekts, auf das sich R bezieht, sowie eine Entfernungsangabe, die vom Benutzer vorgegeben werden kann. Gibt der Benutzer keinen Wert vor, wird hierfür ein Standardwert von 90cm verwendet. Im Beispiel ist `NEXT-TO(Desk2, within 75cm)` eine solche Vorgabe.

Die Wahrscheinlichkeit

$$P_R = P_{OBJ}(F_R \mid r), \qquad (3.7)$$

den zu suchenden Gegenstand in der berechneten Fläche F_R in Raum r zu finden, entspricht der bedingten Wahrscheinlichkeit der Relation multipliziert mit der Wahrscheinlichkeit, den Gegenstand im jeweiligen Raum r zu finden. Im Beispiel:

```
P_red_letter(NEXT-TO(DESK1))
                    = P_red_letter(NEXT-TO(Desk1) | A-120)
                      * P_red_letter(A-120)                    (3.8)
                    = 0.6 * 0.5 = 0.3
```

Diese Wahrscheinlichkeit bezieht sich auf alle Punkte <x,y> innerhalb der Fläche F_R, also

$$p_R = \sum_{<x,y>\in F_R} p(<x,y>) \tag{3.9}$$

Aus dieser flächenbehafteten Wahrscheinlichkeit soll nun die Wahrscheinlichkeit bezogen auf einen Rasterpunkt, beziehungsweise das durch einen Rasterpunkt <x,y> repräsentierte Flächenstück, berechnet werden. Hierzu wird eine vom Benutzer bestimmbare Verteilungsfunktion f(<x,y>) verwendet. Diese Verteilungsfunktion gibt an, mit welcher Wahrscheinlichkeit das Objekt an Position <x,y> liegt (gegeben es liegt in F_R).[7] Für f(<x,y>) muß gelten:

$$\sum_{<x,y>\in F_R} f(<x,y>) = 1, \tag{3.10}$$

da die Wahrscheinlichkeit, den Gegenstand an einem der zu F_R gehörigen Rasterpunkte zu finden, gleich der Wahrscheinlichkeit, ihn in F_R zu finden, sein muß.

Die Wahrscheinlichkeit p(<x,y>), den Gegenstand an Position <x,y> zu finden, berechnet sich demnach aus

$$\forall <x,y>\in F_R : p(<x,y>) = f(<x,y>) * p_R \tag{3.11}$$

[7] Legt der Benutzer keine Verteilungsfunktion fest, wird vom implementierten Programm für die Relation NEXT-TO eine Gauß-Verteilung entlang der Entfernung zum Hindernis angenommen, für alle anderen Relationen eine doppelte Gauß-Verteilung entlang der Entfernung und entlang des Winkels.

Zum Beispiel ist f(<x,y>) für eine Gleichverteilung innerhalb von F_R definiert durch

$$f(<x,y>) = \frac{1}{size(F_R)} \tag{3.12}$$

Ist ein Rasterpunkt <x,y> Teil von zwei verschiedenen Relationen R und R‘ und damit auch von zwei verschiedenen Flächen F_R und $F_{R‘}$, wird er derjenigen Relation zugeordnet, welche <x,y> die höhere Wahrscheinlichkeit zuordnet. Die Verteilungsfunktion f der anderen Relation wird so angepaßt, daß Gleichung 3.10 weiterhin erfüllt ist.

Damit sind die Wahrscheinlichkeiten für alle Rasterpunkte, die irgendeine durch das Vorwissen gegebene Relation R erfüllen, in die Verteilung eingetragen. Es fehlen also noch die Werte für die übrigen Rasterpunkte. Hierzu genügt es, die bedingte Wahrscheinlichkeit P_{OBJ}(ANYWHERE-ELSE) dafür zu berechnen, daß der Gegenstand nicht Bestandteil einer beliebigen Relation R (und damit der Fläche F_R) in Raum r ist.

$$P_{OBJ}(\text{ANYWHERE-ELSE} \mid r) = 1 - \sum_{R:F_R \subset r} P_R \tag{3.13}$$

Mit dieser bedingten Wahrscheinlichkeit lassen sich P_{OBJ}(ANYWHERE-ELSE) (nach Gleichung 3.8) und die Wahrscheinlichkeiten für die einzelnen Rasterpunkte analog zu Gleichung 3.11 berechnen. Die Normierung erfolgt durch eine Verteilungsfunktion f für eine Gleichverteilung (Gleichung 3.10).

P_{red_letter}(NEAR(COMPUTER-DESK)) =0.6

P_{red_letter}(NEAR(DESK))=0.4

P_{red_letter}(IN-FRONT-OF(SHELF)|BIBLIOTHEK)
=0.75
P_{red_letter}(NEAR(DESK)|BIBLIOTEK)=0.15
P_{red_letter}(IN-FRONT-OF(SHELF))|A120)=0.75
P_{red_letter}(NEAR(DESK)|A120)=0.15
P_{red_letter}(BIBLIOTHEK)=0.5
P_{red_letter}(A120)=0.5

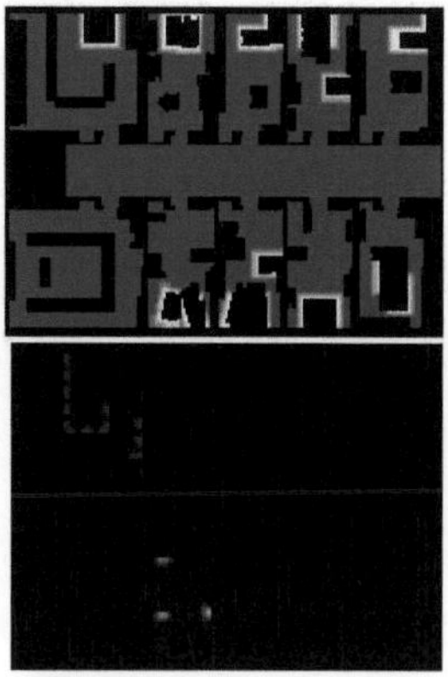

Abbildung 3.1: Eingabedaten und zugehörige Wahrscheinlichkeitverteilungen

Die Wahrscheinlichkeit, daß ein Objekt in einer Region k_i liegt, läßt sich nun berechnen durch

$$p(k_i) = \sum_{<x,y>\in r} p(<x,y>) \tag{3.14}$$

Dies ist der Nutzen der Region k_i. Mit Hilfe von $p(k_i)$ läßt sich $R(k_i)$ berechnen (Gleichung 3.5).

4 Berechnung eines Suchpfades aus dem Suchaufgaben-spezifischen Modell

Zur Berechnung des Suchpfades muß zunächst die Menge der abzusuchenden Regionen festgelegt werden (Abschnitt 4.1). Erst danach kann der Pfad zum Abfahren dieser Regionen unter Verwendung des Suchspannbaums generiert werden (Abschnitt 4.2). Dabei ergeben sich für jeden Knoten verschiedene Möglichkeiten, in welcher Reihenfolge die abzweigenden Teilbäume behandelt werden. Dies wird in Abschnitt 4.3 erläutert.

4.1 Anpassung des Suchspannbaums im Suchaufgaben-spezifischen Modell

Der Suchspannbaum (Abschnitt 3.2.1) muß vor Beginn der Suche auf das aktuelle Suchproblem angepaßt werden. Das bedeutet, daß die abzusuchenden Regionen unter Berücksichtigung von Zeitlimits (zum Beispiel: Suchzeit auf 10 Minuten beschränkt), limitierter Wahrscheinlichkeit (es reicht aus den roten Umschlag mit 70 prozentiger Wahrscheinlichkeit zu finden) und Suchstrategie ausgewählt werden.

4.1.1 Anpassung an Zeitlimits

Sind Zeitrestriktionen vorhanden, so kann nur ein Teil der Gesamtumgebung abgesucht werden. Es soll diejenige Teilmenge von Regionen abgesucht werden, die unter allen in der gegebenen Zeit absuchbaren Teilmengen den höchsten Nutzen erzielt. Um diese zu berechnen, müßte für jede Kombination Regionen der kürzeste Pfad, der alle verbindet, und die abgesuchte Wahrscheinlichkeit bestimmt werden. Dieses Verfahren wächst allerdings mit $O(2^n)$ und wird somit als zu aufwendig betrachtet.

```
limit_time(tree, limit):
  while time_need_for_search > limit       // Unterbäume
                                            // löschen bis
                                            // der Baum in
                                            // vorgegebener
                                            // Zeit absuchbar
                                            // ist
    search subtree with minimal utility u
      and time_need_for_search(subtree) ≤
          time_need_for_search - limit
    delete(subtree)
  end_while
```

Code 4.1: Zeitlimits

Als Alternative wird eine Heuristik verwendet, die zwar nicht immer die optimale Lösung findet, dafür jedoch äußerst effizient berechenbar ist.

Hierzu wird jeder Teilbaum B_T mit dem Ergebnis der Nutzenfunktion

$$u(B_T) = \frac{\text{Summe Nutzen}}{\text{Summe Kosten}} = \frac{\sum\limits_{v \in B_T} r(v)}{\sum\limits_{\substack{v_i, v_j \in B_T \\ v_j \text{ adjacent } v_i}} d(v_i, v_j)} = \frac{R(v)}{D(w,v)} \tag{4.1}$$

annotiert, wobei v Wurzel des Teilbaums B_T und w=parent(v) (im Gesamtbaum) sei.

So ist ein Kosten-Nutzen-Quotient $u(B_T)$ für jeden Unterbaum B_T definiert. Es wird solange derjenige Teilbaum B_T mit dem geringsten Kosten-Nutzen-Quotient $u(B_T)$ aus dem Suchspannbaum gestrichen, bis der verbleibende Teil des Suchspannbaums voraussichtlich in der vorgegebenen Zeit absuchbar ist. Eine präzise Zeitvorhersage läßt sich nicht machen, da das genaue Verhalten des Roboters, insbesondere in dynamischen Umgebungen, nicht vorausberechenbar ist. Die Suchzeiten sind Gauß-verteilt um einen Mittelwert. Dieser wird als voraussichtliche Suchzeit angenommen.

Beim Streichen der Teilbäume wird darauf geachtet, daß die benötigte Zeit niemals unter die zur Verfügung stehende Zeit sinkt. Im Zweifelsfall wird die Suche für eine etwas längere Zeit geplant. Sollte dieser (zu lange) Suchpfad nicht in der vorgegebenen Zeit beendet werden, kann er abgebrochen werden. Kommt der Roboter durch schnelle Ausführung der Navigation, aufgrund geringerer Störfaktoren als berechnet, jedoch besser voran, als vorausberechnet, stehen noch Aktionen zur Verfügung, um die vorhandene Suchzeit vollständig ausnutzen zu können.

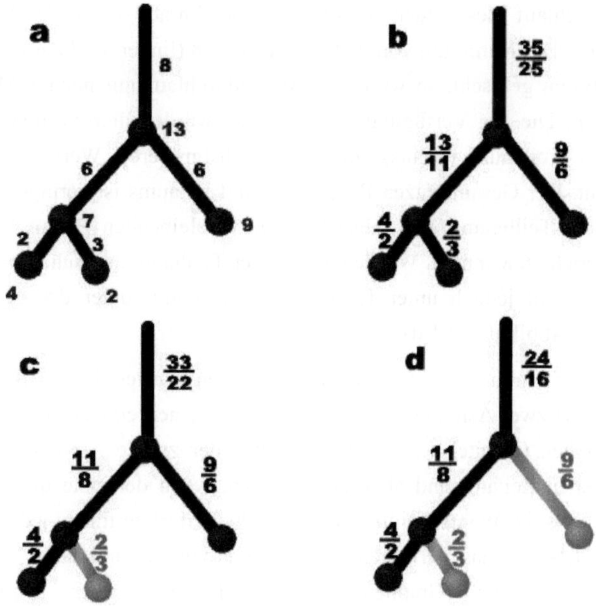

Abbildung 4.1: Anpassung des Suchspannbaums an ein gegebenes Zeitlimit von 15 Minuten.

Abbildung 4.1 zeigt ein Beispiel für eine Anpassung an ein gegebenes Zeitlimit. Es sollen 15 Minuten zur Suche zur Verfügung stehen. Der vollständige Durchlauf würde 25 Minuten benötigen. In Abbildung 4.1 a) ist ein Beispiel-Spannbaum dargestellt. An den Kanten stehen die Kosten, entsprechend der Zeit, die nötig ist, um diese Kante in beiden Richtungen abzufahren. Die Knoten sind mit dem Nutzen annotiert, den sie einbringen. In Abbildung 4.1 b) ist statt dessen an jedem Knoten die Nutzenfunktion $u(B_T)$ eingetragen. In Teil c) wird der Teilbaum, für den $u(B_T)$ minimal ist, ausgetragen.

Der Durchlauf des neuen Baumes würde immer noch 22 Minuten benötigen. Das Minimum von $u(B_T)$ ist jetzt 11/8 (linker Teilbaum). Würde dieser Baum gelöscht, so würde der Baumdurchlauf nur noch 8 Minuten benötigen. Die zur Verfügung stehende Zeit würde unterschritten. Daher wird der Teilbaum (rechts) mit dem nächstgrößeren Wert von $u(B_T)$ bestimmt. Der Gesamtnutzen R des rechten Teilbaums ist geringer als der des linken Teilbaums. Das Absuchen des verbleibenden Baums benötigt immer noch 16 Minuten. Würde ein weiterer Teilbaum gestrichen, fiele die benötigte Zeit jedoch unter 15 Minuten und damit unter das gegebene Zeitlimit (Abbildung 4.1 d).

Dieses Verfahren ist auf azyklische Graphen ausgerichtet. Bilden die Knoten aus zwei Ästen eines Suchspannbaums einen einfachen Zyklus im Suchgraphen (Kapitel 4.2), so könnte auch der zweite Ast ohne großen zusätzlichen Zeitaufwand abgesucht werden, wenn der erste durchlaufen wurde. Falls die Wahrscheinlichkeit, das Objekt dort zu finden jedoch sehr gering ist, würde das Verfahren – abweichend von der optimalen Lösung - diesen Teil des Graphen löschen. Dieser Fehler wird aus Komplexitätsgründen in Kauf genommen.

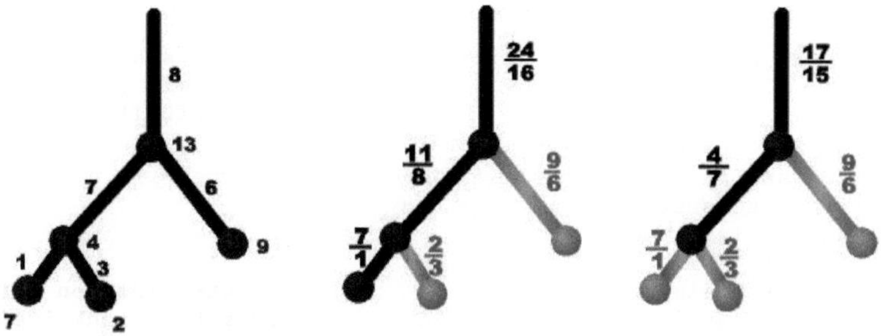

Abbildung 4.2: Ein Beispiel, in dem der Algorithmus nicht die optimale Auswahl trifft.

Wie erwähnt handelt es sich bei diesem Verfahren um eine Heuristik, die auch in azyklischen Graphen nicht immer die optimale Auswahl an Regionen liefert. Abbildung 4.2 verdeutlicht einen solchen Fall. Es wäre möglich gewesen, binnen der zur Verfügung stehenden Zeit von 15 Minuten einen Nutzen von 22 zu erzielen, wenn der obere und der rechte Knoten ausgewählt würden. Mit der getroffenen Auswahl wird nur ein Nutzen von 17 erreicht.

4.1.2 Anpassung an eine gegebene Wahrscheinlichkeit

Genügt es, den Gegenstand mit einer gegebenen Wahrscheinlichkeit zu finden, wird wieder über die Utility-Funktion $u(B_T)$ entschiedenen, welche Regionen abgesucht werden sollen. Dies erfolgt analog zum Verfahren für zeitliche Restriktionen (Abschnitt 4.1.1), jedoch fungiert hier die gegebene Wahrscheinlichkeit als Abruchkriterium, nicht die Laufzeit.

```
limit_prob(limit):                    // Unterbäume löschen
  while probability_searched > limit// bis Wahrscheinlich-
                                      // keitslimit gerade
                                      // noch erfüllt
    search subtree with minimal utility u
      and value[subtree] ≤ probability_searched-limit
    delete(subtree)
  end_while

limit_prob_simple(limit):             // Regionen löschen bis
while probability_searched > limit    // Wahrscheinlichkeits-
                                      // limit gerade noch
                                      // erfüllt
    search region with minimal reward
      and reward[region] ≤ probability_searched-limit
    delete(region)
  end_while
```

Code 4.1: Anpassung an eine gegebene Wahrscheinlichkeit

Um eine Vergleichsmöglichkeit zu haben, wurde ein alternatives Verfahren implementiert, das nicht Teilbäume, sondern einzelne Regionen aus dem Suchbaum streicht. Hier wird nicht die Utility-Funktion U_{BT}, sondern lediglich der Nutzen p_{r_i}, den eine Region r_i bringt, als Auswahlkriterium verwendet. Die Region, in der der Gegenstand am unwahrscheinlichsten zu finden ist, wird aus dem Suchplan gestrichen. Dies wird solange fortgesetzt, bis jede weitere Streichung das vorgegebene Limit unterschreitet.

Bei einem Vergleich beider Verfahren (Kapitel 6) zeigt sich, daß es meistens sinnvoller ist, komplette Teilbäume zu streichen, auch wenn dies viele Betrachter zunächst verwundert.

4.1.3 Anpassung an verschiedene Strategien

```
split_spanning_tree:
  for each vertice v              // Einteilung in Klassen (1,2)
                                  // und (3,4)
    if rt(v)
      insert v into tree[1]
    else
      insert v into tree[2]
    fi
  next

split_multi_level:               // Einteilung in vier Klassen
  for each vertice v
    if rt(v) and ct(v)
      insert v into tree[1]
    fi
    if rt(v) and not ct(v)
      insert v into tree[2]
    fi
    [...]
  next
```

Code 4.1: Anpassung an verschiedene Strategien

Je nach Art der Suchaufgabe können sich verschiedene Suchstrategien als sinnvoll erweisen.

Cross und Wellmann zeigten, daß Kinder zwei Arten von Suchverhalten zeigen können: die umfassende und die selektive Suche (Kapitel 2.1.2). Bei der umfassenden Suche wird das Suchbemühen gleichmäßig in der Umgebung verteilt, bei der selektiven Suche werden zunächst nur die Bereiche der Umgebung abgesucht, in denen der Gegenstand am wahrscheinlichsten zu finden ist.

In Analogie dazu sind auch die zwei grundlegenden Strategien des Suchprogramms zu sehen:

- Bei einer umfassenden Suche werden direkt alle Knoten des minimalen Spannbaums zur Suche markiert.
- Bei einer selektiven Suche werden die Regionen der Umgebung ihrer Priorität nach in verschiedene Klassen eingeteilt, je nach dem, ob sie direkt oder erst später abgesucht werden sollen.

Die umfassende Suche entspricht einem systematischen Absuchen der Umgebung. Dieser Suchtyp minimiert die zum Absuchen der gesamten Umgebung benötigte Zeit. Am Suchspannbaum ist keine Veränderung notwendig.

Bei der selektiven Suche wird der Suchspannbaum in zwei Bäume zerlegt, die jeweils die Regionen einer Klasse beinhalten und nacheinander abgesucht werden. Bei einer selektiven Strategie verlängert sich die Gesamtdauer für die Suche geringfügig, die erwartete Suchzeit E_t hingegen verringert sich. Man würde erwarten, daß sich bei dieser Strategie die Suchzeit erheblich verlängert, jedoch hat der Roboter zwischen einzelnen sehr wahrscheinlichen Bereichen der Verteilung häufig längere Wege zurückzulegen, wodurch er eine höhere Geschwindigkeit erreicht. In Büroumgebungen ist es störend, wenn ein selektiv suchender Roboter die Büroräume während seiner Suche mehrfach betritt und wieder verläßt.

Nach Cross und Wellmann unterscheiden Kinder bei der selektiven Suche zwischen wahrscheinlichen und unwahrscheinlichen Bereichen in der Umgebung.

Dies läßt sich analog auch im Suchverfahren modellieren. Die binäre Funktion *rt*, die angibt, ob der Wahrscheinlichkeitswert für einen Knoten über einem bestimmten Schwellenwert „threshold“ liegt, ist ein entsprechendes Kriterium:

$$rt(k_i) = \begin{cases} 1, \mathrm{p}(\mathrm{k}_i) > \mathrm{threshold} \\ 0, \mathrm{sonst} \end{cases} \qquad (4.2)$$

wobei threshold ein beliebiger Wahrscheinlichkeitswert ist.

Abbildung 4.1: Für Abbildungen 4.4 und 4.5 zugrunde gelegte Wahrscheinlichkeitsverteilung

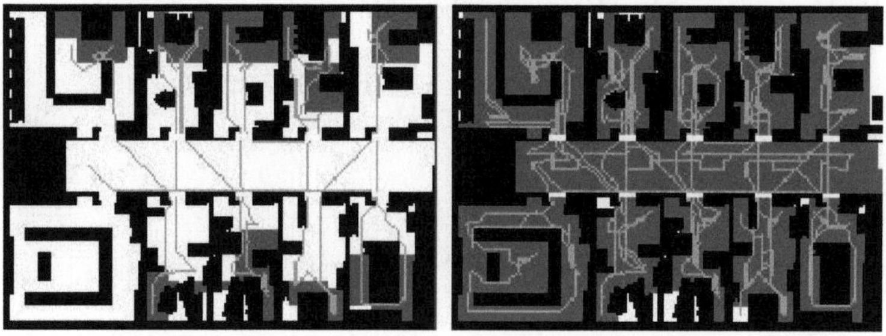

Abbildung 4.2: Selektive Suche. Suchpfad nach Absuchen der wahrscheinlichen Regionen (links) und nach Beendigung der Suche (rechts)

Bei der selektiven Suche werden die abzusuchenden Regionen über die Funktion rt in zwei Klassen eingeteilt – wahrscheinlich und unwahrscheinlich. Für jede Klasse wird ein Suchspannbaum ermittelt, der in das Suchaufgaben-spezifische Modell übernommen wird.

Neben der selektiven Suche wurde eine weitere klassifizierende Suche implementiert. Die „stark klassifizierende Suche" teilt die Regionen zusätzlich danach ein, wie stark sie sich ihre Wahrscheinlichkeit von der der Nachbarregionen unterscheidet. Hiermit kann zwischen sehr wahrscheinlichen Regionen, die sich in der Verteilung deutlich abheben, und Regionen, die zwar sehr wahrscheinlich sind, sich aber trotzdem in der Wahrscheinlichkeit kaum von ihren Nachbarregionen unterscheiden, abgegrenzt werden. Diese Unterscheidung kann eine weitergehende Differenzierung ermöglichen.

Diese Abgrenzung erfolgt durch eine weitere Funktion – *ct* –, die den Unterschied in den Wahrscheinlichkeiten zwischen einer Region und ihren Nachbarregionen (den „Kontrast") überprüft.

$$ct(k_i) = \begin{cases} 1, \dfrac{r(k_i)}{\dfrac{\sum_{k_j \in N(k_i)} r(k_j)}{|N(k_i)|}} > threshold \vee \sum_{k_j \in N(k_i)} r(k_j) = 0 \wedge r(k_i) \neq 0 \\ 0, \text{sonst} \end{cases} \tag{4.3}$$

wobei $N(k_i)$ alle Nachbarknoten des Knoten $k_{i\ \text{sind.}}$

	Klasse 1	*Klasse 2*	*Klasse 3*	*Klasse 4*
$rt(k_i)$	*1*	*1*	*0*	*0*
$ct(k_i)$	*1*	*0*	*1*	*0*

Tabelle 4.1: Einteilung der Regionen in vier Klassen

Abbildung 4.3: Stark klassifizierende Suche. Dargestellt ist der Suchpfad nach Absuchen der einzelnen Klassen.

Mit Hilfe der beiden Funktionen rt und ct lassen sich die Knoten gemäß Tabelle 4.1 in vier Klassen einteilen. Jede Klasse wird in einen Suchbaum übertragen. Der Suchbaum des Suchaufgaben-spezifischen Modells wird durch die vier entstehenden Suchspannbäume ersetzt.

Beide klassifizierenden Strategien liefern im Fall einer uninformierten Suche das gleiche Ergebnis wie die umfassende Suche. Ist der Nutzen $p(k_i)$ einer jeden Region k_i gleich hoch, kann es auch keine Unterscheidung zwischen wahrscheinlichen und unwahrscheinlichen Regionen geben. Ein Kontrast zwischen Wahrscheinlichkeiten benachbarter Regionen ist nicht vorhanden, die Suchbäume der selektiven und stark klassifizierenden Suche entarten zum Suchbaum der umfassenden Strategie.

Nach Aufteilung des Suchspannbaums bei der selektiven bzw. stark klassifizierenden Strategie können die Suchspannbäume an Zeitlimit oder gegebene Wahrscheinlichkeit angepaßt werden. Die Änderungen erfolgen zunächst im Spannbaum der höchsten Klasse. Das bedeutet, daß zunächst diejenigen Regionen gelöscht werden, die am wenigsten zur Qualität der Suche beitragen. Enthält eine Klasse bereits keine Regionen mehr, wird jeweils zur nächstniedrigeren Klasse übergegangen.

Dabei ist es entscheidend, daß vorhandene Information nicht verloren geht, da diese eventuell später noch für eine Neuplanung benötigt wird.

```
tailor_search_task_model:     // Anpassen des Suchspannbaums
  case strategy of            // für Strategie und auf
    selective strategy:       // vorhandene Resourcen
      split_spanning_tree
    multi-level strategy:
      split_multi_level
  end

  if  time_limit
    limit_time(deadline)
  else if limit probability
    limit_prob/limit_prob_simple(limit)
  fi
```

Code 4.2: Anpassung des Suchspannbaums

4.2 Berechnung des Suchpfades

Das Suchaufgaben-spezifische Modell gibt vor, welche Regionen der Umgebung abgesucht werden sollen. Gesucht ist ein möglichst kurzer Suchpfad, der die Aufnahme von Bildern eben dieser Regionen gestattet. Dieses Problem ist als Traveling-Salesman-Problem bekannt und ein Vertreter der NP-harten Probleme [Schön].

Durch die Verwendung der Entfernungen zwischen Regionsmittelpunkten und die Definition von $d(k_i,k_j)$ ist eine Metrik gegeben. Es handelt sich um ein metrisches Travelling Salesman Problem. Für diese Klasse von Problemen gibt es verschiedene Algorithmen, die effizient berechenbar sind und das Problem annähern (vgl. Abschnitt 2.1.3.1).

```
generate_search_path:
  in_stack region(actual robot position)// Pre-Order
  while stack not empty do              // Durchlauf des
    actual_region=out_stack             // Suchspannbaums
    if (not searched(actual_region))
      drive_to(actual_region)
      in_stack childtrees(actual_region) sorted by
        ART_DES_BAUMDURCHLAUFS
      if simple_circle                  // Bei einfachen
        in_stack adjacent leaf          // Kreisen: zusätz-
                                        // liche Kante
                                        // einfügen
      fi
    fi
  end_while
```

Code 4.1: Berechnung des Suchpfades für einen Suchbaum

Eine der in Kapitel 2 vorgestellten Lösungen ist, entlang des minimalen Spannbaums zu navigieren. Die Reihenfolge der angefahrenen Regionen ergibt sich durch Tiefensuche über die Knoten im Spannbaum. Der so entstehende Pfad kann niemals mehr als die doppelte Länge des optimalen Pfades haben (Beweis in Anhang B).

Dieser Algorithmus bietet zusätzlich noch zwei weitere Vorteile:

- In kreisfreien Graphen liefert er den kürzesten Suchpfad. In engen Büroumgebungen sind Zyklen im Such-Graphen SG recht selten. Daher wird der Worst-Case selten erreicht.
- Es ist nicht nötig, erst den kompletten Pfad zu berechnen, bevor der Roboter sich in Bewegung setzen kann. Dadurch wird besonders bei großflächiger Suche wertvolle Zeit gespart.

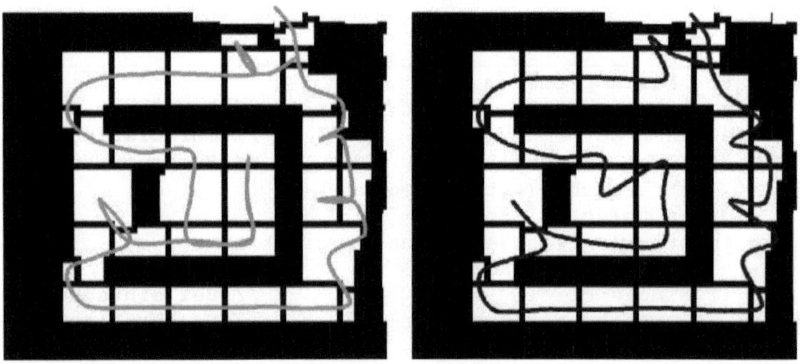

Abbildung 4.1: Direkte Navigation (rechts) liefert kürzere Pfade als Navigation entlang des minimalen Spannbaums (links)

Dieser Ansatz läßt sich noch weiter optimieren:

- Es reicht aus, nur die Reihenfolge der anzufahrenden Knoten über den minimalen Spannbaum zu bestimmen. Häufig ist der direkte Weg zwischen zwei Regionen kürzer, als der Weg entlang der Kanten des minimalen Spannbaums (Abbildung 4.6).

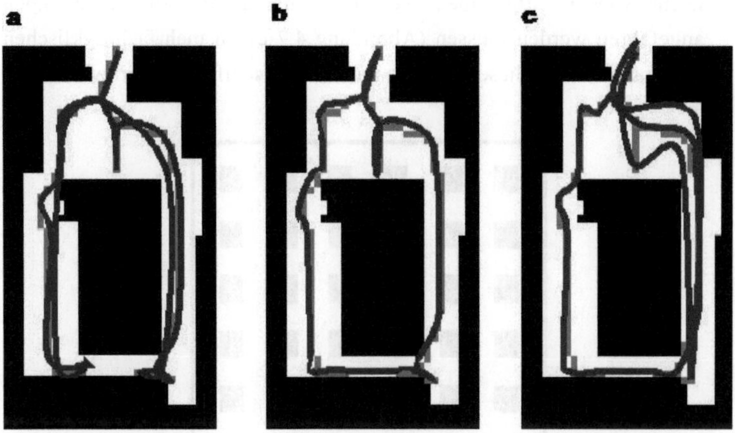

Abbildung 4.2: Veränderung des Suchpfades durch Hinzunahme der im Spannbaum fehlenden Kante

- Ist ein Teilgraph einfach zyklisch, ist also kein Knoten in mehr als einem Zyklus enthalten, und gibt es keine davon ausgehenden Teilbäume, so läßt sich eine weitere Optimierung angeben. In diesem Fall ist lediglich eine Kante des Zyklus nicht im minimalen Spannbaum enthalten. Der berechnete Weg entlang des minimalen Spannbaums ist nahezu doppelt so lang, wie der kürzest mögliche (Abbildung 4.7).

  Im Graphen ist diese Situation dadurch gekennzeichnet, daß zwei Blätter des Suchspannbaums eine gemeinsame Kante im Suchgraphen haben. Die fehlende Kante kann in dieser Situation in den Suchpfad aufgenommen werden. Der Roboter kann den deutlich kürzeren Pfad wählen (Abbildung 4.7 b). Gibt es auf dem bereits abgesuchten Teil des Zyklus abgehende Äste, so kann die Kante dennoch hinzugenommen werden, wenn alle diese Äste bereits abgesucht sind. Gibt es noch abzusuchende Äste, kann der Vorteil durch Hinzunahme der Kante leicht wieder aufgehoben werden, wenn diese Äste später noch angefahren werden müssen (Abbildung 4.7 c). In mehrfach zyklischen Teilgraphen führt diese Strategie nicht zwangsläufig zur Verbesserung.

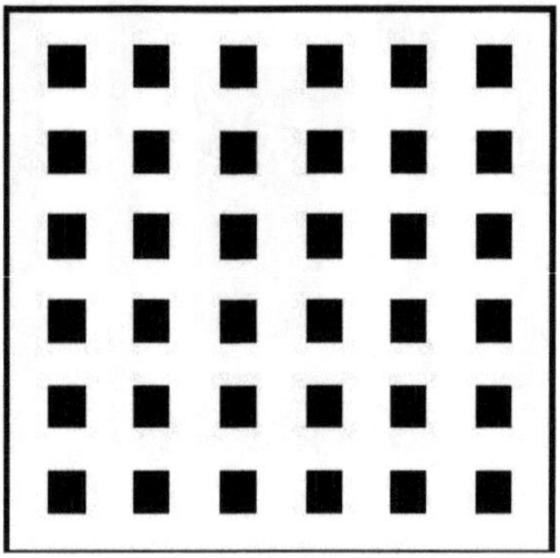

Abbildung 4.3: Grundriß mit vielen Zyklen

Die beiden Möglichkeiten wirken sich nicht auf den Worst-Case aus. Dieser tritt in Graphen mit sehr vielen Zyklen auf (Abbildung 4.8).

Struktur des Suchgraphen	**Ergebnis des Verfahrens**
Kreisfrei	Optimum
Fast nur einfache Kreise	nahe am Optimum
Sehr viele Zyklen	$\leq$ doppeltes Optimum

Tabelle 4.1: Ergebnis des Verfahrens

Die vom Verfahren berechneten Pfade sind unterschiedlicher Qualität, abhängig von der Klasse von Suchgraphen, in denen ein Pfad berechnet wird (Tabelle 4.2).

4.3 Art des Baumdurchlaufs

Beim Absuchen eines Baumes benutzt man verschiedene Anordnungen: „inorder“, „preorder“ und „postorder“. Auch beim Durchlauf des minimalen Spannbaums führt dies zu verschiedenen Reihenfolgen, in denen die Regionen angefahren werden. Jedoch lassen sich daraus keine Rückschlüsse über eine daraus resultierende Strategie ziehen, da das Ergebnis hauptsächlich von der Reihenfolge der Teilbäume abhängig ist. Es werden ausschließlich „preorder“ Durchläufe des minimalen Spannbaums verwendet. Es gibt jedoch mehrere Möglichkeiten, die *nachfolgenden* Teilbäume anzuordnen:

- Ein menschlicher Betrachter empfindet einen Suchpfad als gut, wenn er kurz und möglichst konsequent und systematisch ist. Ordnet man die Teilbäume danach, in welche Richtung sie den Roboter führen, ist eine systematische Suche zu erwarten. Dieses Verfahren wird im Folgenden „Order Search“ genannt.
- Legt man Wert auf eine möglichst geringe erwartete Suchzeit, sollten Regionen mit hoher Wahrscheinlichkeit möglichst früh abgesucht werden. Es bietet sich an, die Teilbäume nach dem Nutzen, den sie unmittelbar (mit dem obersten Knoten) bringen zu sortieren, bevor man sie abfährt. Diese Strategie ist als „Greedy Search“ implementiert.
- Alternativ dazu kann man den Kosten-Nutzen-Quotient $u(B_T)$ (Kapitel 4.1.1) berücksichtigen, um die Reihenfolge zu bestimmen. Dies bewirkt, daß das Verfahren mehr als nur den nächsten Knoten berücksichtigt. Diese Strategie ist unter dem Namen „R/C-Search“ (Reward/Cost-Search) integriert.

- Durchläuft man einen Graphen entlang des minimalen Spannbaums, kann man mit jedem Schritt entweder eine Ebene auf die Wurzel (Kapitel 3.2.1) zugehen, oder eine davon weg. Es macht mehr Sinn, zunächst von der Wurzel wegzugehen, da man sonst später unnötige Wege zu diesem Knoten zurücklegen müßte. Die Rückwege von der Wurzel zum jeweiligen Knoten werden eingespart. „*Depth-Search*" sortiert die adjazenten Teilbäume nach der Tiefe ihres obersten Knoten und arbeitet sie dann erst ab.

Desweiteren ist es möglich, die Sortierung nach zwei Kriterien durchzuführen. So kann zum Beispiel zunächst nach dem Depth-Kriterium sortiert werden. Knoten mit gleicher Tiefe im Baum werden anschließend mit der Greedy-Vorschrift sortiert.

In Kapitel 6 werden die angegebenen Abarbeitungsvorschriften miteinander verglichen. Es läßt sich zeigen, daß die verschiedenen Abarbeitungsvorschriften für bestimmte Arten von Suchaufgaben besonders geeignet sind. Weiterhin wird dort gezeigt, daß eine für ein konkretes Suchproblem geeignete Abarbeitungsvorschrift sich durch einfache Fallunterscheidungen auswählen läßt.

5 Das Steuerungsprogramm

In Kapitel 4 ist die Berechnung von Suchpfaden beschrieben. Nun soll darauf eingegangen werden, wie diese auf einem autonomen System in einer natürlichen Umgebung ausgeführt werden können. Dabei kommt ein reaktives Programm zum Einsatz, da nicht vorhersehbare Veränderungen in der Umgebung Veränderungen im Suchpfad erfordern können.

```
drive_to(region):                   // Aufruf aus
in_queue(region)                    // generate_search_path
                                    // (Code 4.5)


drive:
  while queue not empty
    send_to_planner(out_queue)// berechneten Suchpfad
    while robot is moving           // ausführen
      case status of
        target_unreachable:         // dabei auf Veränderungen in
          dimiss_target             // der Umgebung ...
          replan
        changed_door_status:
          replan
        got_stop_signal:            // ... und Benutzer-
          halt                      // Interaktion reagieren
        got_break_signal:
          save_status
          halt
      end
    end_while
    take_picture
    evaluate_picture
  end_while
```

Code 5.1: Das Steuerungsprogramm. Die Routine drive läuft parallel als Prozeß.

Das Steuerungsprogramm soll eine Liste von Zielpunkten <x,y,o> der Reihenfolge nach anfahren, dort jeweils den Visionprozeß aufrufen und warten, bis ein Bild aufgenommen wurde. Die Navigation zum Zielpunkt erfolgt mit den im System enthaltenen Navigationsfunktionen. Zur Rotation wird vorzugsweise der Pan-Tilt-Kopf des Roboters genutzt, da dieser eine schnellere Rotation als die Roboter-Basis ermöglicht. Der Pan-Tilt-Kopf kann jedoch nicht in jeden beliebigen Winkel gedreht werden. Daher muß je nach Orientierung eine zusätzliche Drehung mit der Roboter-Basis ausgeführt werden.

Während der Abarbeitung des Suchpfades in einer nicht deterministischen, episodischen, dynamischen Umgebung [RusNo] können Veränderungen gegenüber der Grundrißkarte der Umgebung vom vorhandenen System sensorisch erfaßt werden. Das Steuerungsprogramm muß auf eintretende Veränderungen reagieren. Mögliche Ereignisse sind dabei zum Beispiel:

- Der Roboter stellt fest, daß eine Tür geöffnet oder geschlossen wurde.
- Der Zielpunkt ist durch ein nicht in der Karte verzeichnetes Hindernis blockiert.
- Die zur Verfügung stehende Zeit ist abgelaufen.

Ein Hindernis könnte zum Beispiel ein Mensch oder ein Bürostuhl sein. Beide werden durch die Eigenschaft charakterisiert, daß sich ihre Position häufig ändert, und sie daher nicht in der annotierten Umgebungskarte eingezeichnet sind.

Tritt während des Abarbeiten des Suchpfades ein Ereignis auf, so wird ein nebenläufiger Prozeß aufgerufen.

Stellt das auf RPL basierende Roboter-Kontrollsystem fest, daß sich der Zustand der Tür gegenüber der Karte geändert hat, sie also geöffnet oder geschlossen wurde, so werden alle Regionen jenseits der Tür als nicht erreichbar (Tür wurde geschlossen) beziehungsweise erreichbar (Tür wurde geöffnet) markiert. Kann der alte Suchpfad durch eine geschlossene Tür nicht mehr zu Ende verfolgt werden oder ergeben sich durch eine geöffnete

Tür neue Möglichkeiten zur Suche, ist es sinnvoll, einen neuen Suchpfad zu planen. Diese Neuberechnung wird eine kurze Zeit in Anspruch nehmen, die sinnvoll zur Suche genutzt werden kann. Sollten Regionen nicht mehr erreichbar sein, werden sie aus dem Suchpfad gestrichen. Es kann algorithmisch geschätzt werden, bis zu welcher Position <x,y> der Roboter dem Suchpfad noch folgen kann, bevor das neue Ergebnis zur Verfügung steht. Die Neuberechnung erfolgt ab dieser Position <x,y>. Erreicht der Roboter <x,y>, bevor der neue Suchpfad zur Verfügung steht, bleibt er dort kurzzeitig stehen. Liegt das Ergebnis vorzeitig vor, wird der alte Suchpfad dennoch bis <x,y> weiterverfolgt, bevor das Ergebnis der Neuberechnung eingesetzt wird.

Soll die Umgebung vollständig abgesucht werden, steht zumindest der Anfang des neuen Suchpfades unmittelbar fest, da der Suchspannbaum nicht neu berechnet werden muß. Andernfalls muß die Anpassung an Zeit- beziehungsweise Wahrscheinlichkeitslimits sowie an die Suchstrategie neu berechnet werden.

Ist ein Zielpunkt blockiert, so wird ein alternativer Sichtpunkt für die anzufahrende Region gewählt. Ist kein weiterer Sichtpunkt vorhanden, gilt die Region als nicht erreichbar. Ist zudem die Suchzeit beschränkt, so wird die Region ersatzlos aus dem Suchpfad gestrichen. Die Zeit, die zum Absuchen vorgesehen war, wurde bereits benötigt um festzustellen, daß die Region nicht mehr erreichbar ist. Herrscht hingegen keine Zeitbeschränkung und sind alle noch nicht abgesuchten Regionen bereits Bestandteil des Suchplans, wird die nicht erreichbare Region hinten an den Suchpfad angehängt, in der Hoffnung, das Hindernis könnte nicht mehr vorhanden sein, wenn der Roboter erneut versucht, ein Bild der Region aufzunehmen. Gelingt es auch im zweiten Anlauf nicht, wird die Region aus dem Suchpfad gestrichen. In allen anderen Fällen wird bei einer nicht erreichbaren Region eine Neuberechnung gestartet – wie auch bei Änderung des Türstatus.

Ist die zur Verfügung stehende Zeit abgelaufen, der vorberechnete Suchpfad jedoch noch nicht vollständig abgefahren, wird weitergesucht, bis der Benutzer oder das Kontrollprogramm die Suche abbricht.

Soll die Suche durch Benutzer- oder Kontrollprogramm unterbrochen werden, so werden sämtliche Daten über bereits abgesuchte Regionen und den berechneten Suchpfad zusammen mit dem Suchaufgaben-spezifischen Modell gesichert. Soll die Suche später fortgesetzt werden, so genügt es, auf diesen Daten unter Berücksichtigung der neuen Roboterposition einen neuen Suchpfad zu berechnen.

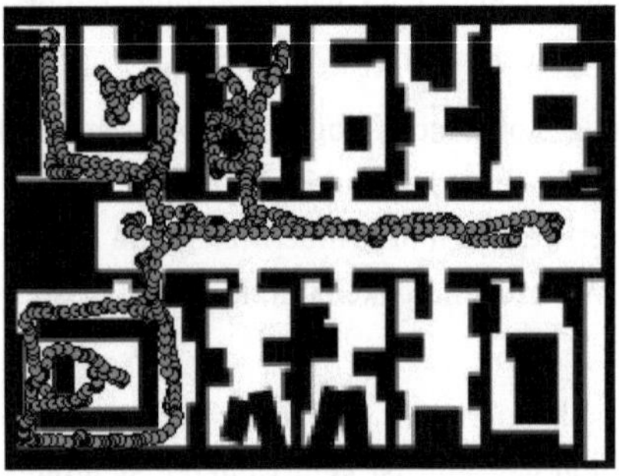

Abbildung 5.1: Karte eines Suchvorgangs auf dem Robotersystem

Diese Struktur ermöglicht ein schnelles Anpassen des Suchpfades auf sich ändernde externe Bedingungen. Die häufige Neuberechnung von Pfaden setzt voraus, daß zumindest der Anfang eines neuen Suchpfades binnen kurzer Zeit zur Verfügung steht. Die dafür benötigte Zeit ist vernachlässigbar gering, da der Durchlauf des minimalen Spannbaums unmittelbar die erste anzusteuernde Region zurückliefert. Lediglich die Anpassung des Suchspannbaums muß berechnet werden, was jedoch keinen großen Zeitaufwand darstellt.

6 Experimente

Die in dieser Arbeit vorgestellten Verfahren sollen experimentell validiert werden. Das Kapitel gliedert sich in drei Teile. Zunächst soll gezeigt werden, wie die im Text vorausgesetzten Roboter-Parameter, wie zum Beispiel die Sicht-Entfernung d_S, ermittelt werden können (Abschnitt 6.1). In Abschnitt 6.2 soll die Qualität der ermittelten Suchumgebungskarte bestimmt werden. Im Anschluß (Abschnitt 6.3) soll die Qualität der Suche in der Suchumgebungskarte unter verschiedenen Gesichtspunkten beurteilt werden.

6.1 Benötigte Parameter zur Berechnung der Suchumgebungskarte

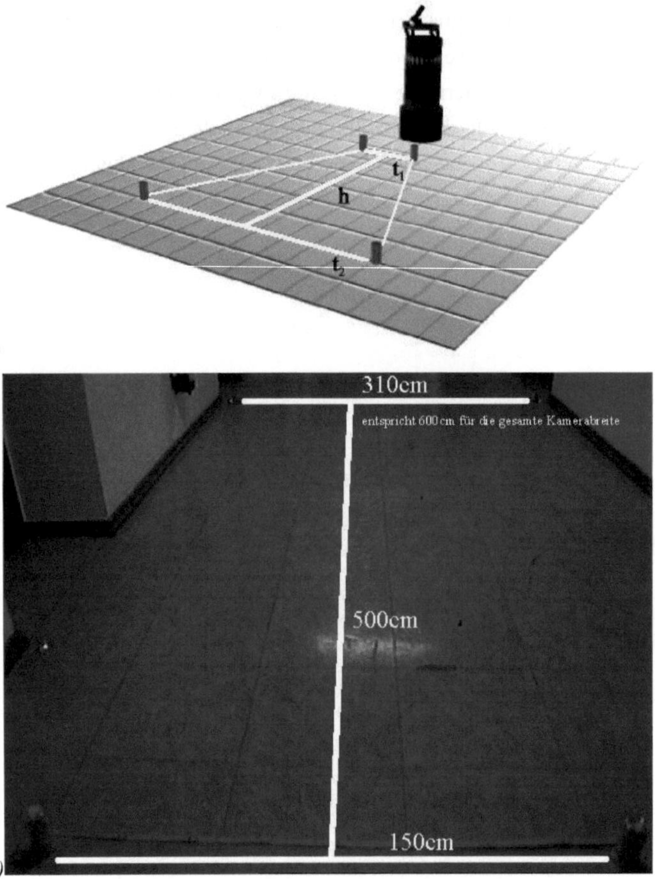

a)

b)

Abbildung 6.1: Durchführung von Experiment 6.1 a) Beobachtersicht, b) Robotersicht mit eingetragenen Meßwerten

Zur Berechnung der Suchumgebungskarte wird die maximale Bildgröße als Parameter B_{max} benötigt.

B_{max} steht für die Kantenlänge, die eine quadratische Region maximal haben darf, um aus jeder beliebigen Kameraentfernung aufnehmbar zu sein. Zur Berechnung der Sichtpunkte wird weiterhin die minimale Entfernung d_S benötigt, in der ein Objekt noch im Kamerabild erscheint.

Um diese Werte experimentell zu ermitteln, wird der Kamerakopf des Roboters soweit geneigt, daß der Roboter-Korpus soeben nicht im Bild erscheint. Nun werden Markierungen auf dem Boden verschoben, bis sie am äußersten Rand des aufgenommenen Bildes erscheinen (Abbildung 6.1). Die Sichtentfernung d_S kann nun zwischen Roboterzentrum und der Linie zwischen den vorderen Markierungen gemessen werden.

Zur Bestimmung von B_{max} wird das trapezförmige Stück des Bodens vermessen, das von einem Kamerabild erfaßt wird. B_{max} kann höchstens so lang sein, wie die dem Roboter zugewandte kurze Seite des Trapezes (t_l). Eine Untergrenze läßt sich durch

$$\frac{t_l}{\sqrt{2}} \tag{6.1}$$

angeben. In diesem Fall würde die längste Strecke innerhalb der Region, die Diagonale, noch auf t_l ins Bild passen. Dies ist jedoch im Allgemeinen nicht erforderlich[8], B_{max} wird normalerweise zwischen diesen beiden Schranken liegen.

[8] Eine Ausnahme ergibt sich, wenn das Trapez (nahezu) zu einem Rechteck entartet ist. In diesem Fall dürfte die Diagonale der Region nicht länger als t_l sein. Dieser Fall kann nur bei Kameras mit extremen Teleobjektiven auftreten.

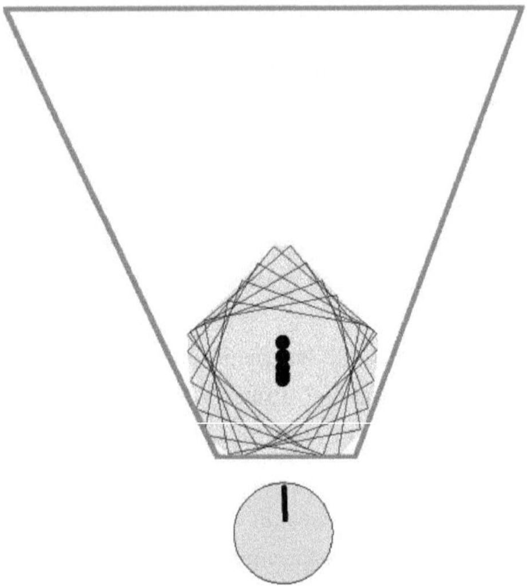

Abbildung 6.2: Rotationsfigur einer quadratischen Region

Abbildung 6.2 zeigt die Lage einer quadratischen Region im Sichtbereich des Roboters aus verschiedenen Betrachtungsrichtungen. Es ergibt sich eine Rotationsfigur, die nicht kreisförmig ist, da die Sichtpunkte verschiedene Entfernungen zum Regionsmittelpunkt haben und daher neben der Rotation der Region auch eine Translation des Regionsmittelpunktes (in der Abbildung schwarz markiert) entlang der Trapezhöhe h erfolgt.

Schon die Fläche der Rotationsfigur ist kompliziert zu berechnen. Daraus eine einfache geschlossene Form für B_{max} in Abhängigkeit der Roboter- und Kameraparameter zu bestimmen fällt um so schwieriger. Es bietet sich vielmehr an, alle in Frage kommende Werte für B_{max} einzusetzen und anschließend zu überprüfen, ob der Rotationskörper (einschließlich Translation) in das Sichtfeld des Roboters paßt. Da es ausreicht, B_{max} in

Rasterpunkten anzugeben, ist die Anzahl der einzusetzenden Werte recht gering. Auf dem Rhino-System entspricht ein Rasterpunkt einem 15x15cm großen Flächenstück. Die kurze Trapezseite t_1 ist bei dem verwendeten Kamerasystem 150cm lang. Daher gilt:

$$\frac{150cm}{\sqrt{2}} \leq B_{\max} \leq 150cm \tag{6.2}$$

Es müssen lediglich vier Werte für B_{max} überprüft werden (105cm, 120cm, 135cm und 150cm). Dies sind die einzigen Vielfachen des Rastermaßes, die in den angegebenen Schranken liegen.

Es zeigt sich, daß auch die Rotationsfigur für B_{max}=150cm noch vollständig in das Trapez paßt. Daher kann auf dem RHINO-System eine maximale Regionsgröße von 150cm*150cm verwendet werden.

6.2 Experimente zur Kartengenerierung

Wie in Kapitel 3 erwähnt, liefert der `environment_map` Algorithmus (Abschnitt 3.1.2.1) nicht zwangsläufig eine Überdeckung aus minimal vielen Regionen. Ein Vergleich mit der jeweiligen optimalen Überdeckung scheitert an der Berechnungskomplexität.

Es ist nicht einmal möglich, die minimale Anzahl von Regionen, die zur Überdeckung der Grundfläche eines Raumes benötigt werden, anzugeben. Eine Abschätzung für die Anzahl in der Form

$$\text{min (number\_of\_regions)} = \frac{\text{Gesamtfläche}}{\text{maximaleFläche je Region}} \tag{6.3}$$

ist zwar eine mathematische untere Schranke, jedoch wird diese Schranke oft nichtmals von einer optimalen realen Überdeckung erreicht. Lediglich in Räumen, in denen sich eine Überdeckung finden läßt, die nur maximal große Regionen beinhaltet, kann diese Schranke erreicht werden. In anderen Räumen ist es nicht möglich, die Schranke zu erreichen, da an

Wänden und Hindernissen nicht immer vollständigen Regionen eingefügt werden können.

Um einschätzen zu können, wieviel zusätzliche Regionen der Algorithmus verwendet, sollen die Überdeckungen einzelner Räume mit manuell generierten verglichen werden. Beim manuellen Erstellen der Überdeckungen wurde darauf geachtet, mit möglichst wenigen Regionen auszukommen.

	von Hand generiert	berechnet
Bibliothek	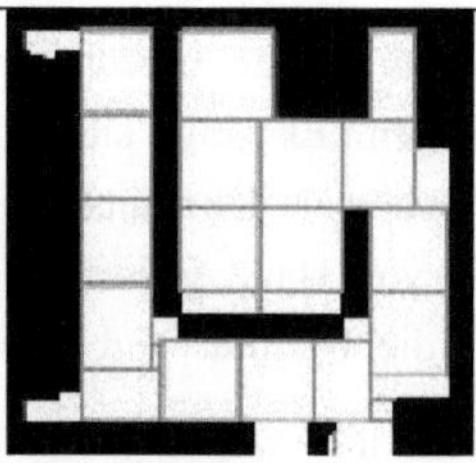 30 Regionen	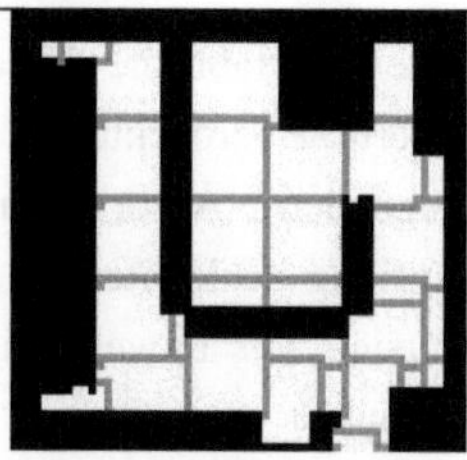 31 Regionen
Seminarraum	 35 Regionen	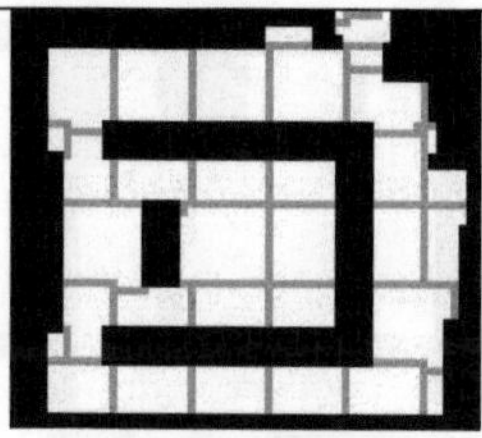 35 Regionen
A118	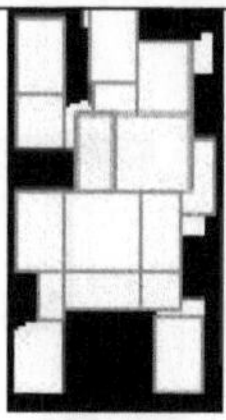 21 Regionen	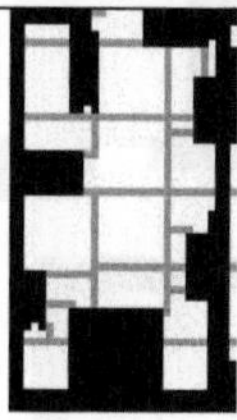 22 Regionen
A119	 18 Regionen	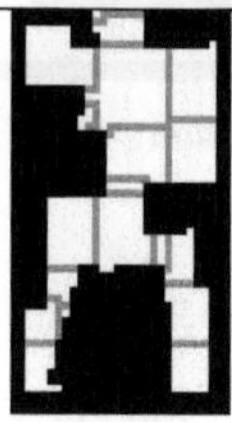 18 Regionen

Tabelle 6.1: Berechnete und von Hand generierte Regionenüberdeckungen

Tabelle 6.1 faßt die Ergebnisse für einige berechnete und von Hand generierte Überdeckungen zusammen. Es zeigt sich, daß die mit dem vorliegenden Algorithmus berechnete Überdeckung meistens nur geringfügig schlechter ist, als die von Hand generierte. Daher wirkt sie wirkt sich nur unwesentlich auf die Qualität und Geschwindigkeit der Suche aus.

Abbildung 6.1: "Trapezoidal Decompostion" der Umgebung nach Latombe

Zusätzlich soll ein Vergleich mit einer Regionenüberdeckung erfolgen, die über die „Trapezoidal Decomposition" (Abschnitt 2.1.1) ermittelt wurde (Abbildung 6.3). Mit diesem Verfahren wird die Fläche in konvexe, disjunkte Trapezoide zerlegt. Die Trapezoide müssen abschließend noch in hinreichend kleine Teilregionen unterteilt werden, damit das Größenkriterium erfüllt ist.

Es zeigt sich, daß im Extremfall schon mehr Trapezoide zur Überdeckung eines Raumes benötigt werden, als Regionen in der von Hand generierten Überdeckung. Unterteilt man die Trapezoide in hinreichend kleine Regionen, so enthält die Überdeckung im Durchschnitt gut doppelt so viele Regionen wie die vom hier vorgestellten Algorithmus berechnete. Dies liegt daran, daß die maximale Größe der Teilregionen oft nicht ausgenutzt werden kann.

6.3 Experimente zur Suche

Dieser Abschnitt gliedert sich in sieben Teile. Zunächst sollen die verschiedenen Suchstrategien einander gegenübergestellt werden (Abschnitt 6.3.1). Anschließend sollen die Abarbeitungsvorschriften diskutiert werden (Abschnitt 6.3.2). In Abschnitt 6.3.3 werden die Verfahren zum Anpassen des Suchspannbaums an ein gegebenes Wahrscheinlichkeitslimit verglichen. Aus den gewonnenen Ergebnissen kann im Anschluß ein Verfahren zur autonomen Auswahl einer geeigneten Kombination von Strategie und Abarbeitungsvorschriften für einen gegebenen Suchauftrag ermittelt werden (Abschnitt 6.3.4). Im Anschluß soll überprüft werden, inwiefern die zugrundeliegende Wahrscheinlichkeitsverteilung die Berechnung des Suchpfades beeinflußt (Abschnitt 6.3.5). In Abschnitt 6.3.6 sollen berechnete Suchpfade optimalen Pfaden gegenübergestellt werden, um so besser einschätzen zu können, wieviel Verlust die Heuristik zur Pfadgenerierung mit sich bringt. Abschließend soll die algorithmische Steuerung mit der Steuerung durch einen Menschen verglichen werden (Abschnitt 6.3.7).

6.3.1 Strategien im Vergleich

In der Arbeit wurden verschiedene Strategien - umfassende, selektive und stark klassifizierende Suche - vorgestellt. Die Vor- und Nachteile der einzelnen Strategien sollen nun experimentell ermittelt werden, um daraus Rückschlüsse ziehen zu können, in welchen Situationen eine bestimmte Strategie angebracht ist.

Hierzu wurden verschiedene Meßreihen mit unterschiedlichen Suchaufträgen durchgeführt. Für jede Strategie wurde neben der gesamten benötigten Zeit und der erwarteten Suchzeit eine Wahrscheinlichkeit / Zeit – Kurve aufgezeichnet. Aus dieser Kurve lassen sich folgende Rückschlüsse über das Suchverhalten der Strategie ziehen:

Steigt die Kurve zu Beginn steil an und wird dann flacher, bedeutet dies, daß der Roboter erst sehr wahrscheinliche Regionen abgesucht hat, anschließend die unwahrscheinlicheren angefahren hat. Die Gesamtdauer zum Abfahren eines Pfades läßt sich auf der Zeitachse an der Stelle ablesen, wo die Kurve eine Wahrscheinlichkeit von 1,0 erreicht.

Für den Extremfall, Gleichverteilung der Nutzenfunktion in allen abzusuchenden Regionen, fallen die Kurven der drei Strategien zusammen. Die Unterscheidungsfunktionen rt und ct (Kapitel 4.1.3) liefern in diesem Fall für alle Regionen einen konstanten Wert. Daher werden alle Regionen in eine Klasse eingeteilt. Unabhängig von der Strategie entsteht der gleiche Suchbaum.

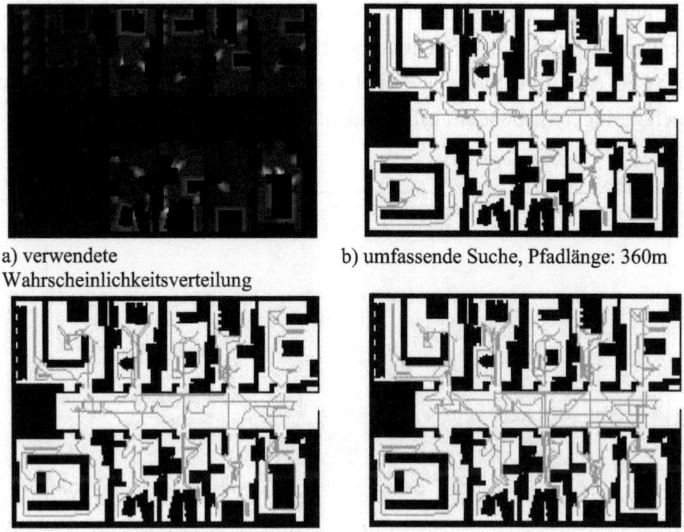

a) verwendete Wahrscheinlichkeitsverteilung

b) umfassende Suche, Pfadlänge: 360m

c) selektive Suche, Pfadlänge: 427m

d) stark klassifizierende Suche, Pfadlänge: 584m

Abbildung 6.1: Suchpfade von verschiedenen Strategien.

Bei den Testläufen zeigte sich, daß die Länge des Suchpfades bei vollständigem Absuchen der Umgebung zwischen den verschiedenen Strategien erheblich variiert. Die umfassende Suche lieferte in allen Fällen den kürzesten Weg, da topologisch geordnet gesucht wird (Abbildung 6.4). Betrachtet man jedoch die zur Suche benötigte Zeit, so liegen die Werte erheblich dichter beieinander. Der Roboter hat bei den klassifizierenden Strategien (selektive und stark klassifizierende Suche) häufig längere Strecken zurückzulegen, so daß er schneller fahren kann.

Die Summe über den eingefahrenen Nutzen steigt bei den klassifizierenden Strategien zu Beginn der Suche wesentlich stärker als bei umfassenden Suche. Die erwartete Suchzeit bei der selektiven Suche ist daher meist deutlich geringer als bei der umfassenden.

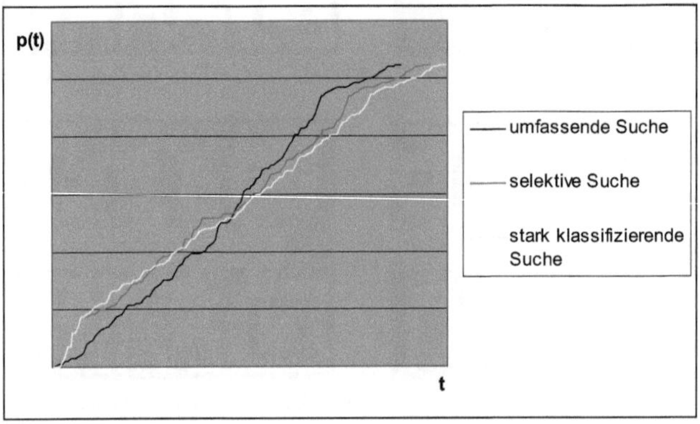

Abbildung 6.2: Verlauf der Wahrscheinlichkeits-Zeit-Kurven im Beispiel

Es fällt auf, daß die klassifizierenden Strategien den Nutzen der Regionen der ersten Klasse meist vollständig eingefahren haben, bevor die umfassende Suche einen entsprechenden Nutzen erzielt (Abbildung 6.5). Die Kurve fällt erst unter die der umfassenden Suche, nachdem diese Regionen abgesucht sind. Im Allgemeinen läßt sich feststellen, daß je später die Kurve der umfassenden Suche die einer klassifizierenden Strategie schneidet, desto stärker ist der Unterschied in der erwarteten Suchzeit. Es hat sich gezeigt, daß die Wahrscheinlichkeit, das Objekt in den Regionen der ersten Klassen zu finden, eine gute Näherung für die Lage dieses Schnittpunktes ist. Dies legt nahe, daß man den Nutzen für die gesamte erste Klasse als Maßstab für die Verminderung der erwarteten Suchzeit E_t gegenüber der umfassenden Suche wählt.

Vergleicht man die beiden klassifizierenden Strategien untereinander, so stellt man fest, daß die stark klassifizierende Suche nur in der obersten Ebene Vorteile gegenüber der selektiven Strategie bietet. Erste und zweite Ebene der stark klassifizierenden Suche zusammengenommen decken genau die Fläche der wahrscheinlichen Regionen der selektiven Strategie ab. Jedoch ist die Zeit, die zum Abfahren der Regionen der ersten Klasse und anschließend der Regionen der zweiten Klasse benötigt wird meist höher als die Zeit, um alle wahrscheinlichen Regionen (erste und zweite Klasse zusammengenommen) topologisch geordnet anzufahren. Die Kurve der stark klassifizierenden Suche fällt unter die der selektiven Suche bevor die Regionen der zweiten Klasse vollständig abgesucht wurden.

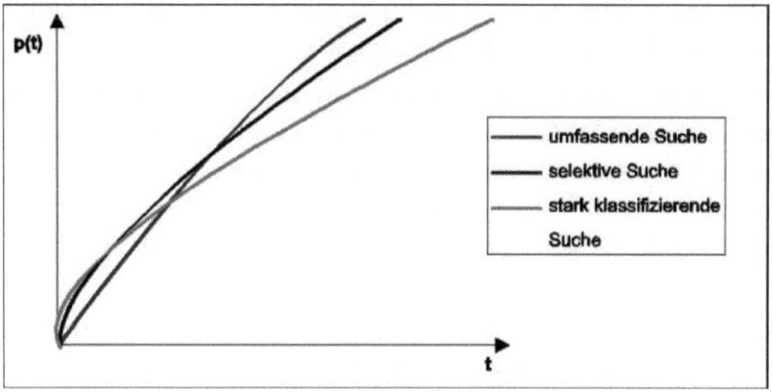

Abbildung 6.3: Schematischer Verlauf der Wahrscheinlichkeits-Zeit-Kurven.

Abbildung 6.6 zeigt schematisch den charakteristischen Verlauf der drei Kurven. Der Pfad der umfassenden Suche ist am schnellsten ausgeführt. Die Kurven der klassifizierenden Verfahren steigen zu Beginn stärker.

Abhängig von der Wahrscheinlichkeitsverteilung liegen die drei Kurven unterschiedlich nah beieinander. Bei einer Gleichverteilung sind sie identisch.

6.3.2 Abarbeitungsvorschriften im Vergleich

Neben der Strategie beeinflußt die gewählte Abarbeitungsvorschrift maßgeblich den berechneten Suchpfad. Um die Auswirkungen der verschiedenen Vorschriften zu bestimmen, wurde bei unveränderter Strategie, Wahrscheinlichkeitsverteilung und Startposition die Abarbeitungsvorschrift variiert. Die Meßreihen wurden für verschiedene Wahrscheinlichkeitsverteilungen, Startpositionen und Strategien durchgeführt. Die hier diskutierten Ergebnisse stellen das arithmethische Mittel der verschiedenen Meßreihen dar. Bei Betrachtung einer einzelnen Meßreihe würden lokale Pfadunterschiede durch direkte Navigation (Abschnitt 4.2) das Ergebnis verfälschen.

Wie schon bei den Experimenten zur Suchstrategie, zeigte sich auch hier, daß auch für die Abarbeitungsvorschriften die Gleichverteilung einen Sonderfall darstellt. Die greedy Vorschrift liefert in diesem Fall das gleiche Ergebnis wie die order-search Vorschrift, da alle Regionen gleich wahrscheinlich sind und daher keine Umsortierung nach dem Nutzen der anzufahrenden Knoten erfolgen muß.

Die R/C-Search liefert hingegen auch im Falle einer Gleichverteilung ein Ergebnis, das von dem der order- und greedy-Search abweicht. Dies läßt sich dadurch begründen, daß außer dem Nutzen von Regionen, der für alle Regionen gleich ist, die Entfernungen zwischen je zwei Regionen berücksichtigt werden. Da die Entfernungen lediglich von der Topologie der Umgebung und nicht von der Verteilung abhängen, ist das Ergebnis der R/C-Search abweichend von order- und greedy-search.

Die „Depth-Search" liefert bei einer Gleichverteilung ebenfalls ein abweichendes Ergebnis, da hier nur topologische Informationen zur

Bestimmung der Abarbeitungsreihenfolge berücksichtigt werden. Diese Vorschrift ist unabhängig von der Wahrscheinlichkeitsverteilung. Sie implementiert am ehesten das systematische Absuchen einer Umgebung.

Abarbeitungsvorschrift	**Durchschnittliche Pfadlänge aller Meßreihen**
Depth-Search	459,45m
Greedy-Serach	470,45m
Order-Search	466,45m
R/C-Search	466,45m

Tabelle 6.1: Daten der Abarbeitungsvorschriften

Bei anderen Wahrscheinlichkeitsverteilungen als der Gleichverteilung unterscheiden sich die vier Vorschriften deutlicher (Tabelle 6.2). Depth Search liefert durchgehend die kürzesten Suchpfade, denn nur bei dieser Strategie ist gewährleistet, daß ein Ast im Suchspannbaum erst verlassen wird, wenn alle darin enthaltenen Knoten abgesucht worden sind. Es kann nicht vorkommen, daß der Roboter erst zur Wurzel fährt, dann andere Teilbäume absucht und erst dann wieder zum ersten Teilbaum zurückkehrt. Dadurch werden unnötige (Rück-) Wege gespart.

Greedy- und R/C-Vorschrift liefern keine deutlich kürzeren Wege als die Order-Vorschrift. Jedoch ist bei beiden die erwartete Suchzeit geringer. Die Kurven im Wahrscheinlichkeit / Zeit Diagramm steigen zu Beginn stärker als die der Order-Search. Die Unterschiede zwischen Greedy- und R/C-Vorschrift sind allerdings sehr gering.

Es zeigte sich, daß es oft sinnvoll ist, die Depth-Search mit der Greedy-Search zu kombinieren. In erster Linie wird dabei nach der Tiefe des obersten Knoten eines Teilbaums sortiert. Ist die Tiefe zweier Knoten gleich, werden sie nach dem Nutzen sortiert. Die Länge des Suchpfades bleibt bei dieser doppelten Sortierung im Schnitt unverändert, die erwartete Suchzeit ist geringer.

6.3.3 Vergleich der Strategien zur Anpassung des Suchbaums an ein gegebenes Wahrscheinlichkeits-Limit

In Kapitel 4.1.2 wurden zwei Verfahren angegeben, um einen Suchspannbaum auf ein gegebenes Wahrscheinlichkeitslimit anzupassen. In diesem Abschnitt sollen die Suchergebnisse beider Verfahren miteinander verglichen werden. Als Vergleichsdaten werden die Ergebnisse der Verfahren für identische Suchprobleme genutzt.

Wahrscheinlichkeits-verteilung | limit_prob-Verfahren, Pfadlänge: 154m | limit_prob_simple-Verfahren, Pfadlänge: 180m

Abbildung 6.1: Suchpfade der Einschränkungsverfahren mit zugehöriger Wahrscheinlichkeitsverteilung

Abbildung 6.7 zeigt die abgesuchten Bereiche beider Verfahren. Das Objekt sollte jeweils mit Wahrscheinlichkeit 0,6 gefunden werden. Das rechte Teilbild zeigt die zu Grunde gelegte Wahrscheinlichkeitsverteilung. Im Beispiel war der berechnete Pfad des `limit_prob` Verfahrens um 17% kürzer. Bei den meisten Suchaufträgen waren es ca. 15-20%.

Lediglich bei sehr ungleichmäßig verteilten Wahrscheinlichkeiten lieferte das `limit_prob_simple` Verfahren die kürzeren Pfade. In diesem Fall tragen Regionen, die auf dem Weg liegen, jedoch den zu suchenden Gegenstand nur sehr unwahrscheinlich enthalten, nur unwesentlich zum

Gesamtnutzen der Suche bei, obgleich auch das Ansteuern dieser Regionen Zeit (und Wegstrecke) kostet.

Dennoch wird die Auswahl des `limit_prob_simple` Verfahrens auch bei nur leicht ungleichmäßigen Wahrscheinlichkeitsverteilungen intuitiv oft für günstiger gehalten, da dort nur sehr wahrscheinliche Regionen betrachtet werden und somit auch nur kleine Teile der Umgebung abgesucht werden müssen. Betrachtet man jedoch die Pfadlängen, fällt auf, daß das `limit_prob` Verfahren meistens kürzere und schneller abzufahrende Pfade liefert, obwohl die so generierten Pfade nicht alle sehr wahrscheinlichen Regionen beinhalten. Daher ist es sinnvoll, daß Regionen mit hohem Nutzen nicht unbedingt abgesucht werden, wenn die Kosten, dorthin zu gelangen, relativ hoch sind.

6.3.4 Ein Verfahren zur autonomen Auswahl einer passenden Kombination aus Strategie und Abarbeitungsvorschrift

In allen bisher diskutierten Situationen mußten sowohl die Suchstrategie als auch die Abarbeitungsvorschrift von einem menschlichen Benutzer vorgegeben werden. Ziel der nun folgenden Überlegungen ist es, Entscheidungskriterien zu formulieren, welche Kombination aus Suchstrategie und Abarbeitungsverfahren in welcher Situation zu bestmöglichen Ergebnissen führt. Aus den bisher beschriebenen Versuchsergebnissen lassen sich folgende Überlegungen ableiten:

- Soll die zur Suche benötigte Gesamtzeit minimiert werden (das Worst-Case-Verhalten ist entscheidend), sollte auf jeden Fall die umfassende Suche verwendet werden. Diese Strategie liefert die kürzesten Suchpfade.
- Geht es darum, die Worst-Case-Zeit, bis zu der ein Gegenstand mit einer festgesetzten Wahrscheinlichkeit gefunden wurde, zu minimieren, sollte die Suchumgebungskarte mittels `limit_prob` angepaßt werden.

Es bietet sich wiederum die umfassende Suche an. Gleiches gilt auch, wenn die zur Suche zur Verfügung stehende Zeit beschränkt ist.

- Muß ein Gegenstand so schnell wie möglich gefunden werden, so ist es sinnvoll, eine klassifizierende Strategie einzusetzen. Die klassifizierenden Strategien liefern zwar geringfügig schlechtere Pfade, jedoch ist die erwartete Suchzeit E_t wesentlich geringer. Kommt eine Limitierung der zur Verfügung stehenden Zeit bzw. der abzusuchenden Wahrscheinlichkeit hinzu, kann es jedoch vorkommen, daß alle abzusuchenden Regionen in einer Klasse liegen, so daß die klassifizierenden Strategien keine Vorteile mit sich bringen. Der Nachteil des geringfügig längeren Weges fällt in diesem Fall jedoch auch weg.

- Ein gutes Maß für die erwartete Suchzeit ist der Vergleich des Nutzen für die gesamte erste Klasse einer klassifizierenden Strategie mit dem Gesamtnutzen. Ist dieser Nutzen sehr gering im Verhältnis zum Gesamtnutzen, ist nicht zu erwarten, daß die klassifizierenden Strategien die erwartete Suchzeit E_t merklich verringern. Um zu verhindern, daß E_t sich vergrößert, sollte die umfassende Suche benutzt werden. Mittels Grenzwert kann unterschieden werden, ob es sinnvoll ist, die umfassende Suche zu wählen, obwohl der Benutzer den Gegenstand so schnell wie möglich benötigt.

- Greedy- und R/C-Abarbeitungsvorschrift verringern die erwartete Suchzeit gegenüber der Order-Search, ohne die Gesamtsuchzeit merklich anzuheben. Im Zweifelsfall ist es daher sinnvoll, eine von beiden zu wählen. Eine Ausnahme bilden die Fälle, in denen es auf die Worst-Case-Suchzeit ankommt. Hier sollte Depth-Search oder die Kombination aus Depth-Search und Greedy-Search benutzt werden, da hierbei die Suchzeit merklich kürzer ist.

Die implementierte Routine setzt festgelegte Grenzwerte ein, um zwischen den Situationen zu unterscheiden. Es kann jedoch nicht unterschieden werden, ob trotz Zeitlimit versucht werden soll, E_t zu minimieren, auch wenn dies eventuell einen geringeren Gesamtnutzen für den Suchpfad zur Folge hat. Diese Angabe muß der Benutzer machen, obwohl es gewöhnlich schwer fällt, abzuschätzen, welche Auswirkung diese Angabe hat.

6.3.5 Auswirkung der Wahrscheinlichkeitsverteilung auf den Suchpfad

Um zu ermitteln, inwiefern sich die im Suchauftrag gegebenen Wahrscheinlichkeiten auf den Suchpfad auswirken, wurden die berechneten Suchpfade für verschiedene Wahrscheinlichkeiten für P_{red_letter}`(IN-FRONT-OF(`*`DESK`*`)|`*`A-120`*`)` im folgendem Suchauf-trag verglichen:

```
FIND(the red letter)

∀r∈Räume: P_red_letter(r)=0.0909       //=1:Raumanzahl

           P_red_letter(IN-FRONT-OF(DESK)|r)=x
```

Für jede Abarbeitungsvorschrift wurde eine Meßreihe durchgeführt, bei der die Strategie verändert wurde, wobei die Abarbeitungsvorschrift selbst konstant blieb. Die Meßwerte der einzelnen Meßreihen unterschieden sich, dennoch blieben die Unterschiede zwischen den verschiedenen Strategien qualitativ gleich. Die Meßergebnisse in Tabelle 6.3 sind qualitativ repräsentativ.

<table>
<tr><th>Wahrscheinlichkeits-verteilung</th><th>Pfad der umfassenden Strategie</th><th>Pfad der stark klassifizierenden Suche</th></tr>
<tr><td></td><td>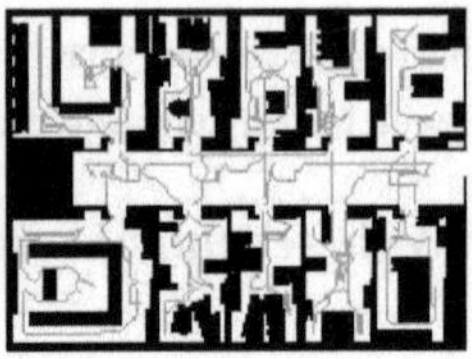</td><td></td></tr>
<tr><td>P_{red_letter}(IN-FRONT-OF(DESK)|r)=0.4</td><td>Pfadlänge: 367m</td><td>Pfadlänge: 607m</td></tr>
<tr><td>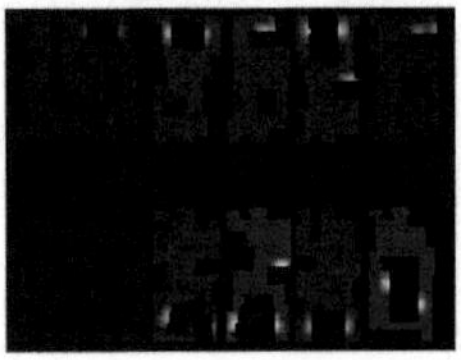</td><td></td><td></td></tr>
<tr><td>P_{red_letter}(IN-FRONT-OF(DESK)|r)=0.7</td><td>Pfadlänge: 370m</td><td>Pfadlänge: 630m</td></tr>
</table>

Tabelle 6.1: Einfluß der Wahrscheinlichkeitsverteilung auf den Suchpfad

Insgesamt läßt sich damit sagen, daß der berechnete Suchpfad einer Strategie stark von der zu Grunde liegenden Wahrscheinlichkeitsverteilung abhängt.

6.3.6 Veränderungen in der Umgebung zur Laufzeit

Wie bereits in Kapitel 5 beschrieben, gibt es Ereignisse, die die abzusuchende Umgebung drastisch verändern und Einfluß auf den Suchpfad nehmen. Zu diesen Ereignissen zählen Türen, die geöffnet oder geschlossen werden, Menschen, die sich bewegen, Stühle, die verschoben werden und ähnliches. Das Steuerungsprogramm ist in der Lage, einen Teil dieser Ereignisse zu erkennen und korrekt zu bewerten.

a) b)

Abbildung 6.1: Der gleiche Suchauftrag a) in einer gegenüber der Karte unveränderten Umgebung und b) mit einer geschlossenen Tür

Das auf RPL basierende Roboter-Kontrollsystem kann bereits feststellen, ob sich Türen geöffnet oder geschlossen haben. Abbildung 6.8 dokumentiert ein Experiment, bei dem die Suche zunächst in einer gegenüber der Karte unveränderten Umgebung, dann mit einer geschlossenen Tür stattfand. Sobald die Information über die geschlossene Tür vorlag, wurde der Pfad neu geplant. Anstelle der Regionen, die hinter der Tür nicht erreichbar sind, wurden andere hinzugenommen, deren Nutzen vergleichbar ist.

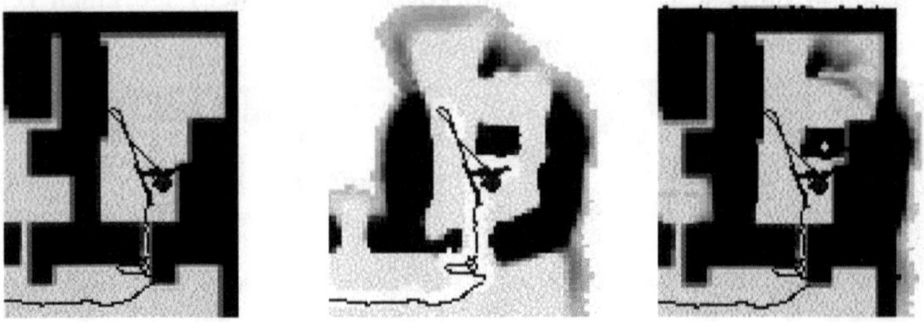

a) b) c)

Abbildung 6.2: Kartenintegration für den is-blocked-Algorithmus. a) CAD-Karte, b) Laser-Karte und c) integrierte Karte mit nicht erreichbarem Zielpunkt

Der is-blocked-Algorithmus [Giese] kann zur Laufzeit ermitteln, ob ein Zielpunkt erreichbar ist oder nicht. Dabei werden die bekannte Umgebungskarte (Abbildung 6.9 a) und eine zur Laufzeit aus Sensordaten generierte Karte (Abbildung 6.9 b) abgeglichen. Wird dabei festgestellt, daß ein Zielpunkt nicht mehr erreichbar ist, erfolgt eine Neuplanung (Abbildung 6.9 c).

6.3.7 Vergleich mit einem optimalen Travelling Salesman Ansatz

Wie in Anhang B gezeigt, ist der berechnete Suchpfad garantiert nicht mehr als doppelt so lang wie der kürzest mögliche Pfad. Um eine genauere Abschätzung dafür zu haben, wie gut das vorgestellte Verfahren in der Praxis ist, sollen die vom vorgestellten Verfahren berechneten Pfade mit dem jeweils optimalen Pfad verglichen werden.

Der optimale Pfad kann durch Berechnung aller möglichen Pfade ermittelt werden. Selbst bei Berücksichtigung von topologischen Informationen ist die für diese Berechnung benötigte Zeit so beträchtlich, daß es lediglich möglich ist, optimale Pfade für einzelne Räume, nicht für die gesamte Umgebung anzugeben. Für komplexe Räume wie den Flur, der ungefähr 50 Regionen beinhaltet, ist es ebenfalls nicht möglich, den optimalen Pfad anzugeben.

Vergrößert man die einzelnen Regionen und reduziert damit die Anzahl der Regionen, ist es möglich, für alle Räume optimale Pfade zu berechnen.

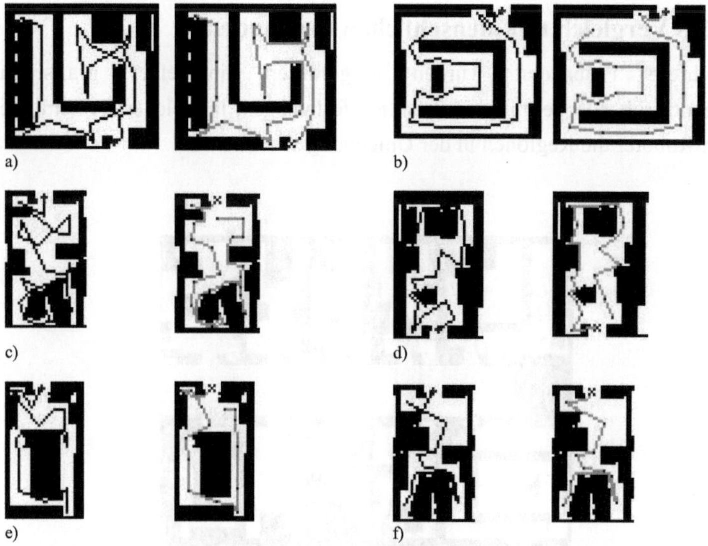

Abbildung 6.1: Berechneter (links, dunkelgrau) und optimaler (rechts, hellgrau) Pfad für einige Räume. (a) Bibliothek, b) Seminarraum, c) A120, d) Robotik Labor, e) A117, f) A119)

Es stellt sich heraus, daß der vom vorgestellten Verfahren berechnete Suchpfad in den untersuchten Räumen um durchschnittlich etwa 20 Prozent länger ist, als der optimale Pfad. Dieser Wert trifft sowohl für die normale Regionenüberdeckung als auch für eine Überdeckung aus etwas größeren Regionen zu. Lediglich wenn die Regionen deutlich vergrößert und die Suchgraphen der meisten Räume somit zyklenfrei werden, fällt der Unterschied deutlich geringer aus.

Abbildung 6.10 stellt für einige Räume den berechneten Pfad dem optimalen Pfad gegenüber.

6.3.8 Vergleich mit menschlichen Probanden

Mehrere Probanden wurden aufgefordert, in einer grafischen Benutzeroberfläche mittels Mausklick festzulegen, in welcher Reihenfolge der Roboter die Regionen in der Umgebung absuchen soll.

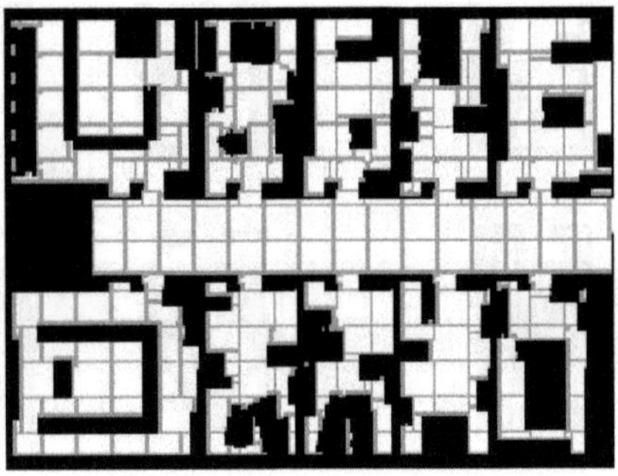

Abbildung 6.1: Die Regionenzerlegung.

Dazu wurde ihnen die Regionenzerlegung der Umgebung (Abbildung 6.11) gezeigt. Jede Region sollte genau einmal angeklickt werden, lediglich die Reihenfolge sollte bestimmt werden.

Dieser Versuch wurde mit 15 Probanden durchgeführt. Die Probanden erzielten Pfadlängen zwischen 371 und 415 Meter, um die gesamte Umgebung abzusuchen. Der Algorithmus hingegen benötigte lediglich 360 m.

Nimmt man an, die Ergebnisse der Probanden wären um einen Mittelwert Gauß-verteilt, so läßt sich das zu einem 95 prozentigen Konfidenzniveau gehörende Konfidenzintervall [Kreng] berechnen. Es zeigte sich, daß die berechnete Pfadlänge unter der unteren Intervallgrenze des Konfidenzintervalls lag. Daher kann mit 97,5 prozentiger Wahrscheinlichkeit gesagt werden, daß der Algorithmus ein besseres Ergebnis als ein Mensch, der den Roboter steuert, liefert.

Es reicht aus, das Konfidenzintervall zu berechnen. Ein T-Test ist nicht erforderlich, da das Verfahren in einer festgelegten Umgebung deterministisch ist.

Abbildung 6.2: Wahrscheinlichkeitsverteilung, die den Probanden vorgelegt wurde.

In einem zweiten Experiment bekamen die Probanden zusätzlich eine Wahrscheinlichkeitsverteilung präsentiert (Abbildung 6.12). Je heller ein Punkt in der Wahrscheinlichkeitsverteilung dargestellt ist, desto wahrscheinlicher ist es, das Objekt dort zu finden. Es soll verglichen werden, wie lang der Suchpfad ist, den Menschen beziehungsweise der Algorithmus benötigt, um den Gegenstand mit 50%iger Wahrscheinlichkeit zu finden. Es kann dabei davon ausgegangen werden, daß ein Mensch eine grafische Darstellung der Wahrscheinlichkeitsverteilung adäquat in Wissen, wo er suchen muß, umsetzen kann.

Diesmal benötigten die Probanden Pfadlängen zwischen 179m und 219m, der Algorithmus hingegen lediglich 166m. Hier läßt sich mit 99%iger Wahrscheinlichkeit sagen, daß der Algorithmus das bessere Ergebnis liefert.

7 Zusammenfassung und Diskussion

7.1 Zusammenfassung

In dieser Arbeit wurde ein Verfahren vorgestellt, das sich für verschiedenste Suchaufgaben verwenden läßt. Das Verfahren paßt die Suche an vorhandene Resourcen an:

- Steht nur eine bestimmte Zeit zur Suche zur Verfügung, wird ein Suchpfad generiert, der in dieser Zeit ausführbar ist.
- Reicht dagegen aus, einen Gegenstand mit einer gegebenen Wahrscheinlichkeit zu finden, führt dies zu einem möglichst kurzen bzw. schnell abzufahrenden Suchpfad, der dieses Kriterium erfüllt.

Vorhandenes Hintergrundwissen kann effektiv zur Verbesserung des Suchpfades verwendet werden. Insbesondere bei einer Beschränkung der vorhandenen Resourcen ist Hintergrundwissen maßgebend, da nur so zwischen Bereichen, in denen das Objekt wahrscheinlich zu finden ist, und solchen, in denen man wahrscheinlich nicht fündig wird, unterschieden werden kann. Nur durch das Hintergrundwissen ist es möglich, Bereiche der Umgebung nicht nur auf Grund ihrer Lage, sondern auch auf Grund der Wahrscheinlichkeit, das Objekt dort zu finden, zu verwerfen und dadurch eine effektive Suche zu gewährleisten.

Die Ausführung des Suchplans kann in nichtdeterministischen, episodischen, dynamischen Umgebungen erfolgen. Umherlaufende Personen und nicht standortgebundene Objekte (zum Beispiel Stühle), die nicht in der Karte verzeichnet sind, können zur Laufzeit berücksichtigt werden. Der Zustand von Türen muß nicht zu Beginn der Suche feststehen. Das Verfahren kann auch während der Ausführung auf geschlossene oderp geöffnete Türen reagieren. Dadurch wird eine gute Ausführbarkeit in natürlichen Umgebungen gewährleistet.

Schließlich ist das Verfahren schnell und zuverlässig. Die Schnelligkeit wird maßgeblich durch die Auslagerung der rechenintensiven Programmteile bestimmt. Dieses Verfahren ermöglicht eine einmalige Vorberechnung, auf die später immer wieder zurückgegriffen werden kann. Durch die Art der Pfadgenerierung wird die Zuverlässigkeit des Verfahrens gewährleistet.

Gerade bei einem Vielzweck-Roboter ist es entscheidend, daß mit der Suche schnell begonnen werden kann und dabei trotzdem ein effizientes Suchverhalten gezeigt wird.

7.2 Diskussion

	Doty und Harrison	Colegrave und Branch	Firby, Prokopowicz, Swain, Kahn und Franklin	Ollis und Stentz	Ulrich, Mondada und Nicoud	Murphy und Sprouse	Choset und Pignon	diese Arbeit
uninformiert	●				●			
Schwach informiert			●	●			●	
Stark informiert						●[9]		●
Algorithmisch bestimmter Pfad	●		●	●	●	●	●	●
Weg wird vorausgeplant		●		●			●	●
Weg wird während der Abarbeitung generiert	●		●		●	●		●[10]
Setzt kontinuierliche Bildverarbeitung voraus				●		●	●	
Überdeckung der erreichbaren Umgebung	≤80%	100%	100%	100%	≤ 100%	?[11]	100%	100%

Tabelle 7.1: Vergleich der Verfahren aus Abschnitt 2.1.1 mit dem erarbeiteten.

[9] bei der „semantic Search"

[10] als Reaktion auf eine Veränderung in der Umgebung

[11] nicht publiziert

Das hier beschriebene Verfahren ist im Gegensatz zu bisherigen Ansätzen ein resourcen-adaptives, stark informiertes Suchverfahren für autonome, mobile Roboter. Tabelle 7.1 vergleicht dieses Verfahren mit anderen bekannten Ansätzen (vgl. Abschnitt 2.1.1).

Eine Besonderheit ist die Tatsache, daß der Suchpfad vorgeplant wird, und dennoch während der eigentlichen Suche durch den Algorithmus geändert werden kann, wenn unerwartete Ereignisse, wie zum Beispiel geschlossene Türen, auftreten. Nur durch die Vorherplanung kann sichergestellt werden, daß der berechnete Suchpfad nicht mehr als doppelt so lang ist, wie der optimale Suchpfad. Erst die Fähigkeit, Pläne während der Ausführung zu modifizieren, ermöglicht einen Einsatz in einer realen, dynamischen Umgebung. Der vorgestellte Algorithmus vereinigt die positiven Aspekte beider Ansätze in sich.

7.3 Ausblick

Mit dieser Arbeit liegt ein Verfahren vor, das für verschiedenste Suchaufgaben in der Dienstleistungsrobotik und verwandte Probleme verwendet werden kann.

Wie in der Arbeit gezeigt, lassen sich Suchaufgaben in bekannten Umgebungen mit diesem Verfahren lösen. Hierzu zählen Anwendungen wie zum Beispiel ein autonomer Bürobote oder ein Überwachungsroboter.

Bei Reinigungsrobotern kann das Verfahren mit sehr großen Regionen eingesetzt werden, in denen systematisch (vgl. Ansatz von Ollis und Stentz, Kapitel 2) vorgegangen werden kann. Kosten wären hier Entfernung zwischen den Regionen und Größe der Region, also der Aufwand, die Region zu erreichen und zu reinigen. Der Nutzen einer Region ergibt sich aus dem Zeitpunkt der letzten Reinigung und der anzunehmenden Neuverschmutzung. Mit diesem Verfahren ist es auch möglich, nur stark verschmutzte Teile eines Raumes zu reinigen, wenn für eine umfassende Reinigung die Zeit fehlt.

Einige Teile des Ansatzes bieten jedoch noch Raum für zukünftige Arbeiten. So wäre es interessant, ein Fehlermodell der Bilderkennungsroutinen zu integrieren und so die Annahme einer perfekten Bildverarbeitung überflüssig zu machen.

Schnellere Rechner werden komplexere Näherungsverfahren erlauben, so daß beispielsweise die Regionenunterteilung oder die Berechnung des Suchpfades weiter optimiert werden können.

Anhang A – Vergleich zwischen minimalem Spannbaum und der optimalen Lösung

Behauptung: Die beim Abfahren des minimalen Spannbaums zurückgelegte Strecke ist niemals mehr als doppelt so lang, wie die Strecke des optimalen Pfades.

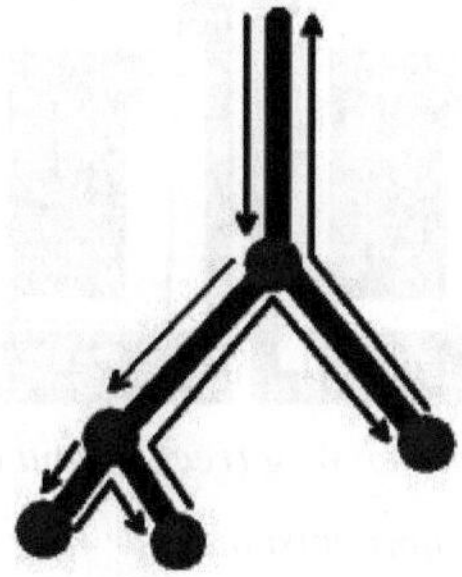

Abbildung A.1: Beim Abfahren eines minimalen Spannbaumes wird jede Kante maximal zweimal benutzt.

Beweis: Bei geeignetem Abfahren des minimalen Spannbaums (pre-order-search) wird keine Kante mehr als zweimal abgefahren (Abbildung B.1). Eine Kante wird aber in der Regel zwei Mal passiert: zum Erreichen des Knotens und zum Verlassen, nachdem der gesamte Teilbaum abgesucht ist.

Angenommen, es gäbe einen Pfad P, der alle Knoten miteinander verbindet und weniger als halb so lang ist, als die zum Abfahren des Spannbaums ST benötigte Strecke, so betrachte man diesen Pfad als Spannbaum ST‘. Gegebenenfalls müssen hierfür noch Zyklen entfernt werden.

Dies ist zulässig, da auch dieser Pfad alle Knoten miteinander verbindet. Die Summe der Kantenlängen von ST‘ muß geringer sein als die von ST, da keine Kante des Spannbaums mehr als zweimal benutzt wird, der Pfad P jedoch weniger als halb so lang ist wie die Strecke entlang ST. Im Worst-Case ist ST‘ doppelt so lang wie P. Dies würde aber bedeuten, daß der gegebene Spannbaum ST nicht - wie gefordert - minimal war.

Abbildung A.2: Optimaler Weg (rechts) und durch Abfahren des Spannbaums entstandener Weg (links)

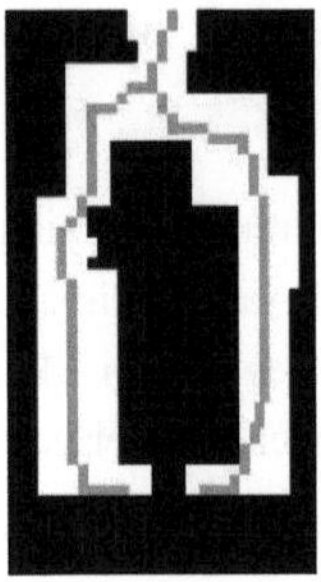

Abbildung A.3: Ein kreisfreier Spannbaum. (Die angenommenen Knoten sind nicht mit den Knoten beziehungsweise Regionen im Programm identisch)

Abbildung B.2 dokumentiert einen Fall, bei dem der minimale Spannbaum doppelt so lang ist, wie der optimale Pfad. In Abbildung B.3 hingegen ist der optimale Fall festgehalten: Der Pfad ist kreisfrei und der minimale Spannbaum entspricht dem optimalen Pfad.

Anhang B – Laufzeiten der verschiedenen Programmteile

Programmteil		**Laufzeit auf einem schnellen Linux-PC**
Berechnung der Suchumgebungskarte	• Berechnung der Regionenüberdeckung	< 1 min.
	• Berechnung von d(a,b)	7 min
	• Berechnung der Viewpoints	13 min
	• Berechnung des minimalen Spannbaums	< 30 sek.
Berechnung des Suchaufgaben-spezifischen Modells	• Berechnung der Nutzen-Funktion	< 3 sek.
Anpassung des Suchspannbaums	• Anpassung an Zeitlimits	10 sek.
	• Anpassung an Wahrscheinlichkeiten	10 sek.
	• Anpassung an Strategien	< 2 sek.
Berechnung des Suchpfades		0 sek.[12]
Neuplanen		< 15 sek.

Tabelle B.1: Laufzeit der einzelnen Programmteile.

[12] Die erste anzufahrende Region steht bereits unmittelbar nach Beginn der Berechnung zur Verfügung. Der komplette Baumdurchlauf benötigt weniger als 10 Sekunden.

Bildnachweis

Literatur

[Bosch] Bosch, Karl: „Elementare Einführung in die Wahrscheinlichkeitsrechnung“, 5. Aufl. Braunschweig: Vieweg, 1993.

[BuhBu] Buhmann, Joachim / Burgard, Wolram / Cremers, Armin B. / Fox, Dieter, Hofmann, Thomas / Schneider, Frank / Strikos, Jianis / Thrun, Sebastian: „The mobile robot Rhino“, *in AI Magazine*, 16(1), 1995

[Burga] Burgard, Wolfram u.a.: „Estimating the absolute position of a mobile robot using position probability grids“, in: *Proceedings of the Thirteenth National Conference on Artificial Intelligence*, Menlo Park, August 1996: AAAI Press/The MIT Press.

[Chi88] Chin, W. / Ntafos, S.: „Optimum Watchman Routes“, Information Processing Letters 28, North-Holland, 1988

[Chi91] Chin, W. / Ntafos, S.: „Shortest Watchman Routes in simple Polygons“, Discrete Computational Geometry, vol.6, 1991

[ChoPi] Choset, Howie / Pignon, Philippe: „Coverage Path Planning: The Boustrophedon Cellular Decomposition“, Pittsburgh, 1997: http://voronoi.sbp.ri.cmu.edu

[Chris] Christofides, N.: „Worst-Case analysis of a new heuristic for the traveling saleman problem", in J.F. Traub, editor, *Symposium on new directions and recent results in algorithms and complexity*, page 441. Academic Press, NY, 1976

[ColBr] Colegrave, J. / Branch A.: „A Case Study od Autonomous Household Vacuum Cleaner", in *AIAA/NASA CIRFFSS*, 1994

[CorLe] Cormen, T. / Leiserson, C. / Rivest, R.: „Introduction to Algorithms". MIT Press, Cambridge, Massachusetts, 1990

[CroWe] Cross, D. R. / Wellmann, H.M.: „Mathematical Models of Search" in *Children's Searching: The Development of Search Skill und Spatial Representation*, H.M. Wellmann, ed., Lawrence Erlbaum Associates, Hillsdale, NJ, 1985

[DotHa] Doty, Keith L. / Harrison, Reid R.: „Sweep Strategies for a sensory-driven, behaviour-based Vacuum Cleaning Agent", *AAAI 1993 Fall Symposium Series* Instantiating Real World-Agents, 1993

[Eich] Eich, Stefan: „Suche nach bekannten Objekten an unbekannten Positionen innerhalb bekannter Räume: Das Art Gallery Problem in einer praktischen Anwendung", Diplomarbeit am Forschungsinstitut für anwendungsorientierte Wissensverarbeitung, Universität Ulm, Fakultät für Informatik, 1996

[FirPr] Firby, James / Prokopowicz, Peter / Swain, Michael / Kahn, Roger / Franklin, David: „Programming CHIP for the IJCAI-95 Robot Competition", Chicago 1995: http://www.cs.uchicago.edu/~firby

[FoxBu] Fox, Dieter / Burgard, Wolfram / Thrun, Sebastian: „The Dynamic Window Approach to Collision Avoidance", *Forschungsbericht des Instituts für Informatik III* IAI-TR-95-13, Bonn, 1995.

[FriWi] Fritzke, Bernd / Wilke, Peter: „FLEXMAP – A Neural Network For The Traveling Salesman Problem With Linear Time And Space Complexity", Erlangen, 1991: http://www.neuroinformatik.ruhr-uni-bochum.de/ini/PEOPLE/

[Giese] Giesenschlag, Markus: „Semiautomatische Akquisition symbolisch-annotierter 3D-Modelle für Büroumgebungen", Diplomarbeit, Institut für Informatik III, Rheinische Friedrich-Wilhems-Universität Bonn, 1998

[Gütin] Güting, Ralf Hartmut: „Datenstrukturen und Algorithmen", 1. Aufl., Stuttgart: B.G. Teubner, 1992.

[HetCo] Heth, C.D. / Cornell, E.H.: „A Comparitive Description of Representation and Processing During Search" in *Children's Searching: The Development of Search Skill and Spatial*

Representation, H.M. Wellmann, ed. , Lawrence Erlbaum Associates, Hillsdale, NJ, 1985

[HofPu] Hofmann, Thomas / Puzicha, Jan / Buhmann, Joachim: „Unsupervised Segmentation of Textured Images by Pairwise Data Clustering", Bonn 1996, http://www.ai.mit.edu/people/hofmann

[Karp] Karp, R.M.: „Reducibility among combinatorial problems". In R.E. Miller und J.W. Thatcher, editors, *Complexity of Computer Computations, Advances in Computing Research*, pp. 85-103. Plenum Press, 1972

[Kolar] Kolarov, Krasimir: „Optimal Geometric Design of Robots for Environments with Obstacles", Dissertation, Stanford University, Department of Mechanical Engineering, 1992

[Kreng] Krengel, Ulrich: „Einführung in die Wahrscheinlichkeitstheorie und Statistik", 3. Aufl., Braunschweig: Vieweg, 1991.

[Latom] Latombe, Jean-Claude: „Robot Motion Planning", Boston: Kluwer Academic Publishers, 1991

[LeeLi] Lee, D. / Lin, A.: „Computational complexity of art gallery problems“, IEEE Trans. Inform. Theory, vol. 32, pp. 276-282, 1986

[Lingas] Lingas, A.: „The Power of Non-Rectilinear Holes“, in *Proceedings of the 9th Coloquium on Automata, Languages and Programming*, Aarhus, LNCS Springer Verlag, 1982

[McDer] McDermott, Drew: „A Reactive Plan Language“, Technical Report 864, Yale University, Computer Science Department, 1991

[MurSp] Murphy, Robin R. / Sprouse, J. Jake: „Strategies for Searching an Area with Semi-Autonomous Mobile Robots“, 1996, http://www.mines.edu/~rmurphy

[OllSt] Ollis, Mark / Stentz, Antony: „First results in vision-based crop line tracking“, 1996 , http://www.ri.cmu.edu

[Orour] O'Rouke, J.: „Art Gallery Theorems & Algorithms“, Oxford University Press, 1987

[OttWi] Ottmann, Thomas / Widmayer, Peter: „Algorithmen und Datenstrukturen“, 2. Aufl., Mannheim: BI-Wiss.-Verl., 1993.

[PreSh] Preparata, F.P. / Shamos, M.I.: „Computational Geometry: An

Introduction", Springer-Verlag, 1985

[PreTe] William Press / Saul A. Teukolsky / William T. Vetterling / Brian P. Flannery: „Numerical Recipes in C", 2. Aufl, 4. Nachdr., Cambridge: Cambridge University Press, 1996.

[RusNo] Russel, Stuart / Norvig, Peter: „Artificial Intelligence, A Modern Approach", 1. Aufl., New Jersey: Prentice Hall, 1995.

[Schön] Schöning, Uwe: „Theoretische Informatik – kurzgefaßt", 2. Aufl., Heidelberg: Spektrum Akademischer Verlag, 1995.

[Segde] Segdewick, Robert: „Algorithmen in C", 1. Aufl., 1. Nachdr., Bonn: Addison-Wesley, 1992.

[SomHa] Somerville, S.C. / Haake R.J.: „The logical Search Skills of Infants and Young Children" in *Children's Searching: The Development of Search Skill and Spatial Representation*, H.M. Wellmann, ed., Lawrence Erlbaum Associates, Hilldale, NJ, 1985

[Strou] Stroustrup, Bjarne: „Die C++ Programmiersprache", 2. Aufl., Bonn: Addison Wesley, 1992.

[Thr96] Thrun, Sebastian et al.: „Map Learning and High Speed Navigation in RHINO", *Forschungbericht des Institut für Informatik III* IAI-

TR-96-3, Bonn, 1996.

[ThrBü] Thrun, Sebastian / Bücken, Arno: „Learning Maps for Indoor Mobile Robot Navigation“, *Technical Report* CMU-CS-96-121, Pittsburgh: School of Computer Science, Carnegie Mellon University, 1996.

[Thrun] Thrun, Sebastian: „Exploration and Model Building in Mobile Robot Domains“, *Forschungsbericht des Institut für Informatik III* IAI-TR-93-1, Bonn, 1993.

[UlrMo] Ulrich, Iwan R. / Mondada, Francesco / Nicoud, J.-D.: „Autonoumous Vacuum Cleaner“, 1996, http://diwww.epfl.ch/lami/team/mondada